Was Sie über Chartformationen
wissen müssen

Rudolf Wittmer

Was Sie über Chartformationen wissen müssen

BÖRSENVERLAG

Bibliografische Information der Deutschen Bibliothek:

Die Deutsche Bibliothek verzeichnet diese Publikation in der Deutschen Nationalbibliografie; detaillierte bibliografische Daten sind im Internet über http://dnb.ddb.de abrufbar.

TM Börsenverlag AG
Dr.-Steinbeißer-Straße 10, 83026 Rosenheim
Telefon: 0 80 31/20 33 -0, Telefax: 0 80 31/20 33 30

Internet: www.boersenverlag.de
www.einfach-boerse.de

1. Auflage November 2009
ISBN 978-3-930851-76-8

Printed in Germany

Der Chart ist ein Faktum.
Der Chart lügt nie.
Die Charts sind unschlagbar.

Ralph J. Acampora

Inhalt

1. Einleitung

Technische Analyse ist heute nicht mehr aus der modernen Finanzmarktanalyse wegzudenken. Selbst die Zentralbanken haben eigene Technische Analyseabteilungen, damit sie z.B. den Zeitpunkt von Devisenmarktinterventionen optimal bestimmen können.

Die Grundannahme der Technischen Analyse geht davon aus, dass bereits sämtliche kursrelevanten Informationen in den aktuellen Kursen eines Wertpapiers - Aktie, Währung, Anleihe, Rohstoff etc. - enthalten sind. Daher macht es aus Sicht der Technischen Analysten keinen Sinn, externe Faktoren zur Bestimmung von Kursprognosen zu verwenden. Einziger Input bei der Analyse eines Finanztitels ist der Preis und das zu dem Preis dazugehörige gehandelte Volumen.

Damit unterscheidet sich die Technische Analyse wesentlich von der Fundamentalen Analyse. Die Fundamentale Analyse versucht anhand der ökonomischen Rahmenbedingungen auf die zukünftige Entwicklung von Wertpapieren zu schließen. Dabei verwendet sie sowohl makroökonomische Kennzahlen - Bruttoinlandsprodukt, Industrieproduktion, Arbeitslosenrate etc. - als auch betriebswirtschaftliche Kennzahlen der Unternehmen wie z.B. Gewinn pro Aktie, Dividende, Umsatz oder Verschuldungsgrad.

In der Technischen Analyse werden grob vier verschiedene Analysemethoden unterschieden:

Charttechnik, Markttechnik, Sentimenttechnik und Zyklentechnik.

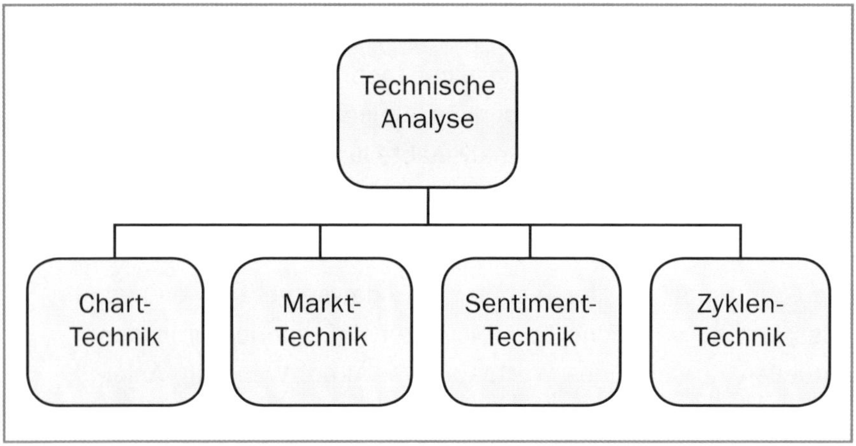

Das vorliegende Buch behandelt ausschließlich die Charttechnik. Wie kann man mit Hilfe der Charttechnik Aussagen über die zukünftige Entwicklung von Wertpapieren erhalten? Welche Annahmen liegen der Charttechnik zugrunde?

Börsenkurse werden getrieben durch die Gier und Angst der Marktteilnehmer. Während sich die Technik rund um den Börsenhandel in den letzten Jahren dramatisch gewandelt hat – denken wir hier nur an die Entwicklung des Computers und des Internets – sind die wesentlichen Eigenschaften des Menschen unverändert geblieben: Gier und Angst. Es gibt auch keine Anzeichen dafür, dass diese menschlichen Eigenschaften auf absehbare Zeit verändert werden.

Wie äußern sich Gier und Angst an der Börse? Nun, eigentlich ist es ganz einfach: Wenn die Kurse steigen, wird dies von zahlreichen Marktteilnehmern als neuer Trend wahrgenommen. Die Gier des Menschen sorgt nun dafür, dass die steigenden Kurse weiteres Spekulationskapital anziehen. Es entsteht ein Aufwärtstrend, dem sich am Ende kaum noch jemand entziehen kann.

Irgendwann kommt der Punkt, an dem die ersten Marktteilnehmer anfangen, ihre Positionen zu verkaufen. Die Kurse steigen nicht mehr weiter und beginnen sogar zu fallen. Nun bekommen es viele Akteure mit der Angst zu tun. Immer mehr Anleger verkaufen ihre Wertpapiere: es entsteht ein Abwärtstrend, getrieben durch die Angst der Menschen vor Verlusten.

Die Technische Analyse versucht nun, diese Eigenschaften menschlichen Verhaltens zu nutzen, indem sie die Kursentwicklungen aufzeichnet und diese auf wiederkehrende Muster hin untersucht. Dabei werden verschiedene Arten der Chartdarstellungen verwendet. Diese sind Gegenstand des nächsten Kapitels.

2. Chart Darstellungsformen

Es gibt zahlreiche Arten die Kursentwicklungen von Wertpapieren darzustellen. Die Skalierungen beinhalten in den meisten Fällen den Preis, die Zeit und das Volumen.

Die erste Entscheidung, die bei der Darstellung eines Charts getroffen werden muss, ist das Zeitintervall. Dabei sind Tick-Charts, Minuten-Charts, Tages-, Wochen- und Monats-Charts zu unterscheiden. Bei Tick-Charts wird der Preis für jeden getätigten Handel dargestellt. Somit können Tick-Charts nur als Linien-Charts, nicht aber als Bar-Chart dargestellt werden.

Bei einem Bar-Chart wird der Eröffnungs-, Höchst-, Tiefst- und Schlusskurs für das jeweilige Intervall gezeichnet. Eine weit verbreitete Bezeichnung für diese Art der Darstellung ist „OHLC" – die Initialen für „OPEN HIGH LOW CLOSE".

Abkürzungen

O	OPEN	Eröffnungskurs
H	HIGH	Höchstkurs
L	LOW	Tiefstkurs
C	CLOSE	Schlusskurs
V	VOLUME	Umsatz, Stückzahl

Im Minuten-Chart wird der Eröffnungs-, Höchst-, Tiefst- und Schlusskurs für den Zeitraum von einer Minute dargestellt. Bei einem Tages-Chart werden die entsprechenden Kurse für jeweils einen Tag visualisiert.

Charts können entweder mit einer arithmetischen oder einer logarithmischen Kursskala dargestellt werden. Für eine langfristige Trendanalyse, wird die Verwendung logarithmischer Charts empfohlen, da diese Darstellungsform einige Vorteile

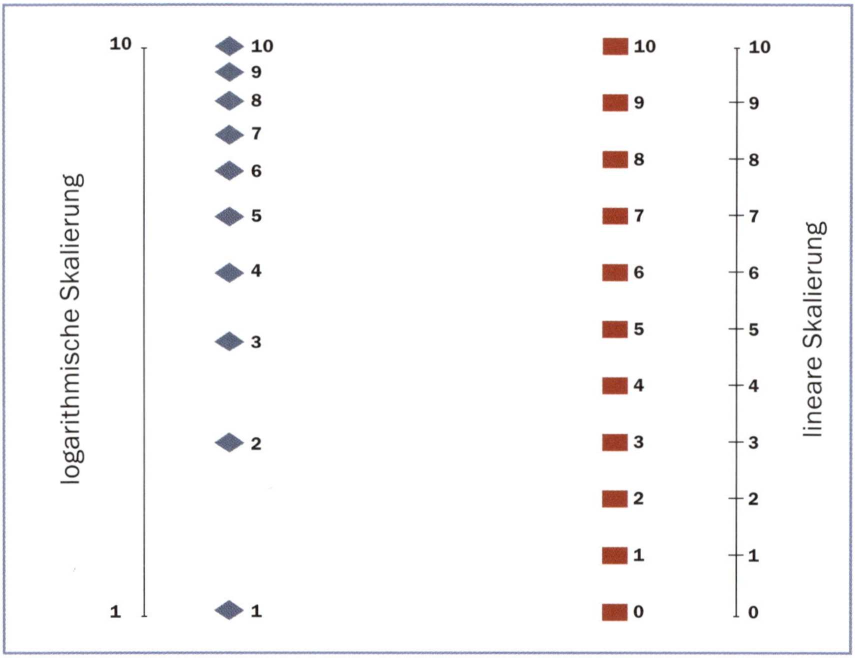

bietet. Beim arithmetischen Maßstab zeigt die vertikale Kursskala gleich große Abstände für gleiche Kursdifferenzen. Im Unterschied hierzu sind bei der logarithmischen Skalierung die prozentualen Abstände umso kleiner, je höher die Kurse steigen. Der Abstand zwischen den Kursen 10 und 20 ist der gleiche, wie derjenige zwischen 50 und 100, weil es sich beide Male um eine Verdoppelung des Kurses handelt. Auf einer arithmetischen Skala würde die Bewegung zwischen 50 und 100 die gleiche Entfernung zurücklegen wie ein Anstieg zwischen 500 und 550, obwohl die erste Bewegung eine Verdoppelung bedeutet, während die letzte nur einen Kursanstieg von 10 % darstellt.

Im logarithmischen Maßstab sind die vertikalen Abstände für identische prozentuale Veränderungen gleich. So legt beispielsweise eine Bewegung von 10 auf 20 (100% Zuwachs) in einem logarithmischen Maßstab die gleiche Distanz zurück wie ein Anstieg von 100 auf 200. Vor allem bei der Einzeichnung von Trendlinien kann es aufgrund der unterschiedlichen Darstellung zu deutlichen Abweichungen kommen. Als Faustregel gilt: je länger der Zeitraum und je größer die Kursunterschiede innerhalb dieses Zeitraumes sind, umso mehr empfiehlt sich die Verwendung einer logarithmische Skalierung.

Linien-Chart mit Volumen

Ein Linienchart entsteht durch die Verbindung der Schlusskurse eines Wertpapiers für das eingestellte Zeitintervall. Diese Chartdarstellung ist häufig bei Tages-Charts anzutreffen, kann aber auch in jedem anderen beliebigen Zeitintervall angewendet werden. Bei den meisten Charts sind die Börsenumsätze unterhalb der Zeitreihe als Balkengrafik mit eingezeichnet.

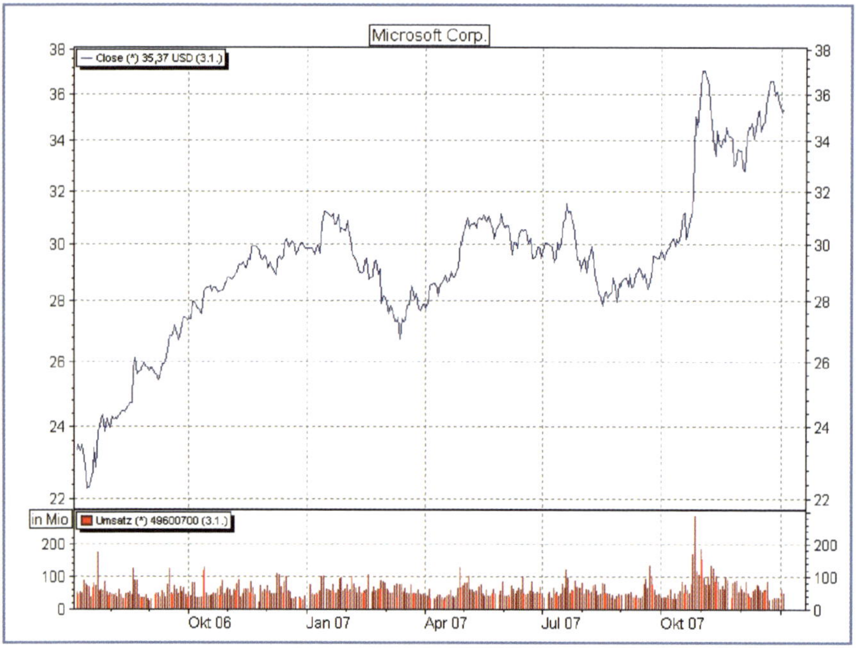

Die Grafik zeigt den Linienchart der Microsoft-Aktie. Unterhalb des Kursverlaufs ist das Volumen in Balkenform eingezeichnet.

Balken-Chart mit Volumen

Ein Chart, in dem nicht nur die Schlusskurse, sondern auch die Eröffnungs-, Höchst- und Tiefstkurse dargestellt werden, wird als Bar-Chart bezeichnet.

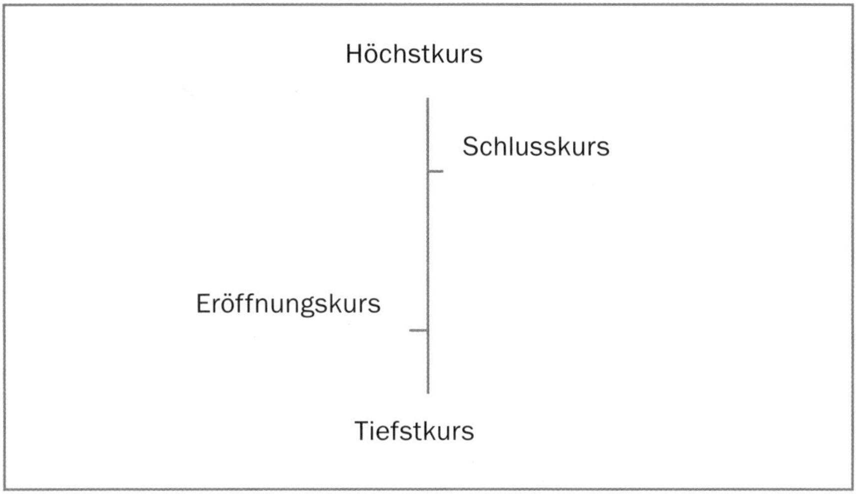

Eine Darstellung der Preisbewegung durch einen senkrechten Balken wird allgemein auch Balken-Chart genannt. Die Länge des senkrechten Balkens gibt die Höchst- und Tiefstkurse an, während der Eröffnungskurs durch einen kleinen waagrechten Strich an der linken Seite des Balkens, der Schlusskurs durch einen waagrechten Strich an der rechten Seite des Balkens dargestellt wird.

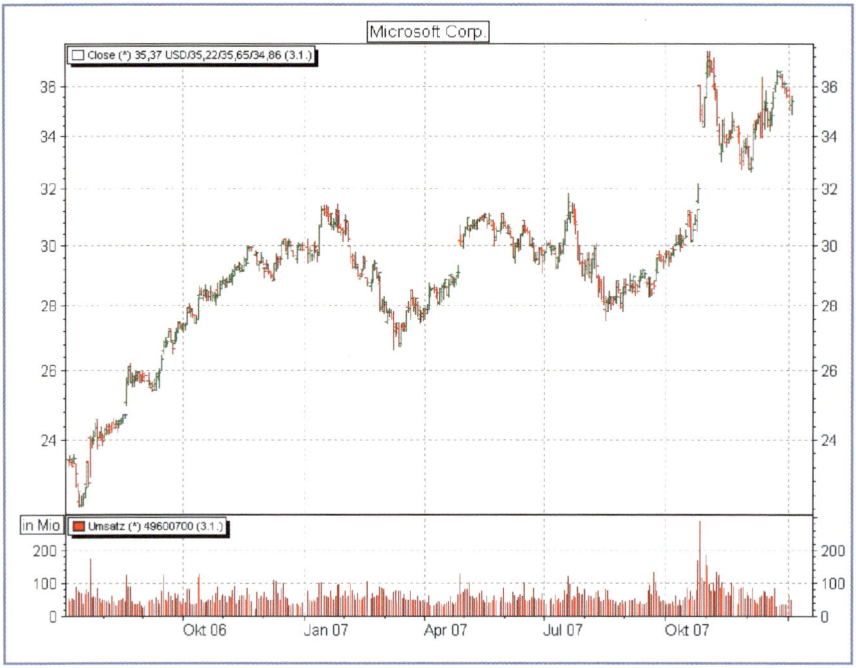

Damit ist außer der zeitlichen Entwicklung einer Aktie ebenfalls die Tendenz für jedes einzelne Zeitintervall erkennbar. Als Beispiel für einen Bar-Chart wurde wiederum Microsoft ausgewählt.

Candlestick-Chart mit Volumen

Aus Japan stammt die älteste Art der Chartdarstellung, die unter der Bezeichnung Candlestick bekannt ist. Die Ursprünge dieser Chartform gehen bis in das 16. Jahrhundert zurück und wurden bereits von den japanischen Reishändlern verwendet. Der wesentliche Unterschied zwischen Balken-Chart und

Candlestick-Chart besteht darin, dass bei der Darstellung mit Candlesticks die Spanne zwischen Eröffnungs- und Schlusskurs als geschlossener Körper dargestellt wird.

Candlestick-Chartdarstellung

Liegt der Eröffnungskurs unter dem Schlusskurs, dann wird der „Körper" – dargestellt als Rechteck zwischen Eröffnungs- und Schlusskurs – nicht ausgefüllt.

Bei einem Schlusskurs, der niedriger als der Eröffnungskurs ist, wird der Körper ausgefüllt. Die senkrechten Striche zur Kennzeichnung der Höchst- und Tiefstkurse, werden auch als „Dochte" bezeichnet.

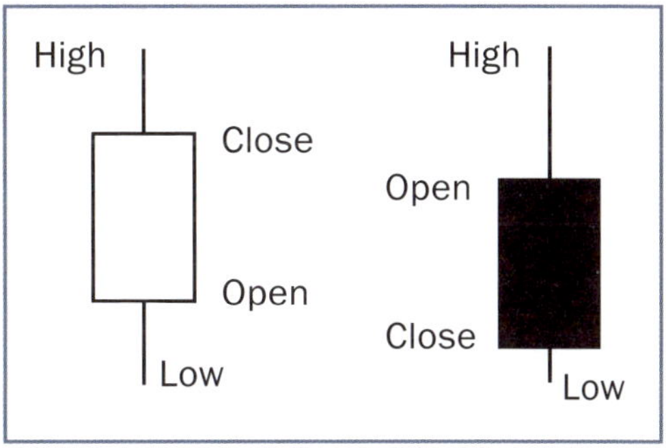

Es ist üblich, eine steigende Tendenz gegenüber dem Vortag mit grünen, eine fallende Tendenz gegenüber dem Vortag mit

Bedeutung der Körper bei Candlesticks

	Tagestendenz	Schlusskurs heute
GRÜN leer	steigend	größer Schlusskurs gestern
GRÜN ausgefüllt	fallend	größer Schlusskurs gestern
ROT leer	steigend	kleiner Schlusskurs gestern
ROT ausgefüllt	fallend	kleiner Schlusskurs gestern

roten Candles zu kennzeichnen. Insgesamt ergeben sich dadurch vier Kombinationen von Körpern: grün leer, grün ausgefüllt, rot leer, rot ausgefüllt.

Der Vorteil der Candel-Stick-Chartdarstellung liegt in der besseren Visualisierung der inneren Struktur von Marktbewegungen. So kann bei einem Aufwärtstrend unmittelbar abgelesen werden, ob die Tagestendenz im allgemeinen von Beginn an steigend oder anfangs steigend und anschließend nachgebend war.

Die Candle-Stick-Chartdarstellung ist ebenfalls am Beispiel von Microsoft verdeutlicht.

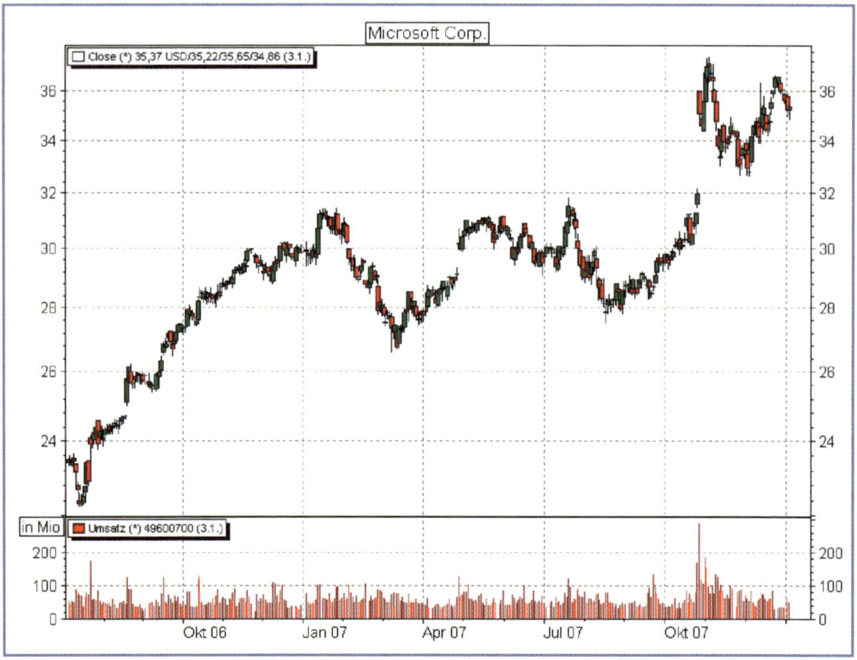

Es gibt noch einige weitere Chartdarstellungen, die zusätzlich zu den Preisinformationen die Börsenumsatzinformationen in die Chartdarstellung mit einbinden. Die bekanntesten sind:
- Renko-Chart,
- Kagi-Chart,
- Three-Line-Break-Chart,
- Equivolume-Chart und
- Marketprofile-Chart.

Im Rahmen dieses Buches werden zur Darstellung der Beispiele überwiegend Candlestick-Charts verwendet.

Point & Figure-Chart mit Volumen

Point & Figure-Charts beschäftigen sich ausschließlich damit, Preisveränderungen abzubilden, während Barcharts sowohl den Preis auf der vertikalen Achse, als auch das Zeitverhalten auf der horizontalen Achse abbilden. Ein neuer Punkt auf einem Point & Figure-Chart ergibt sich jedoch nur bei einer bestimmten Preisbewegung. Ein weiterer Unterschied besteht darin, dass die Barcharts jede Änderung im Preis in der betrachteten Periode festhalten, während Point & Figure-Charts alle Preisveränderungen ignorieren, die kleiner als eine bestimmte vordefinierte Kursänderung ausfallen. Zum Beispiel: Wird beim Point & Figure-Chart eine Boxgröße von 5 Dax-Punkten gewählt, so führen nur Preisänderungen, die über diese 5 Punkte hinauslaufen, zu einer Darstellung.

Ein Point & Figure-Chart besteht aus einer Kombination von X-Kästchen und O-Kästchen, die auch als Box bezeichnet werden. Ein X zeigt dabei eine Aufwärtsbewegung, eine Null oder O eine Abwärtsbewegung an.

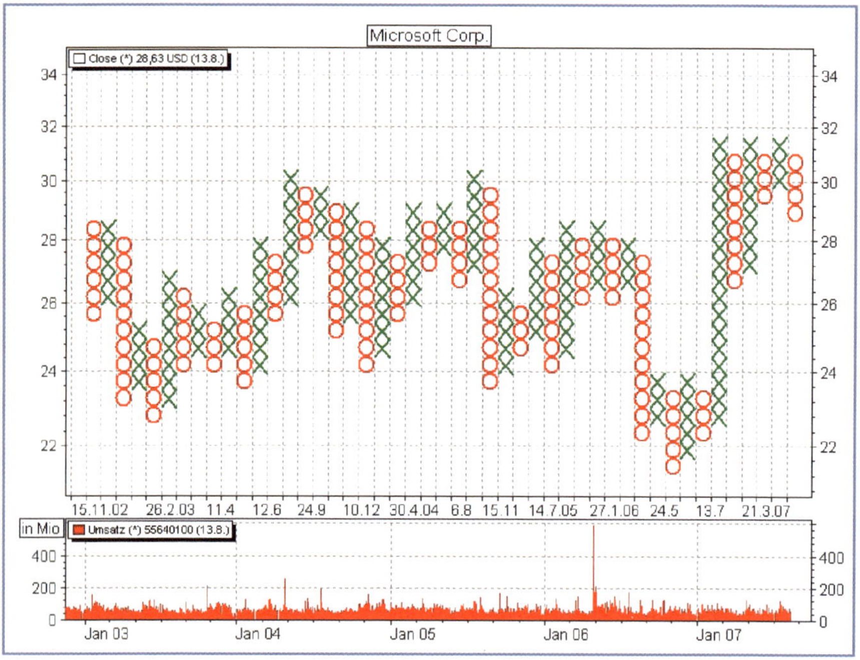

Vor der Konstruktion eines Point & Figure-Charts sind zwei wichtige Entscheidungen zu treffen. Zuerst einmal muss die Größe der Box bestimmt werden. Für Einzelaktien ist es üblich eine Größe von 1 Punkt für Werte, die über 20, und 0,5 Punkte für Werte, die darunter notieren, zu wählen. Bei Langfristcharts oder bei der Betrachtung von Indizes, die größere Zahlenwerte aufweisen, greift man auch auf 5-, 10- oder 20-Punkt-Boxen zurück.

Je kleiner die Größe einer Box ist, desto detaillierter wird die Preisbewegung dargestellt und umgekehrt. Untersucht man das Preisverhalten einer Aktie oder eines Marktes für viele Jahre, so greift man oft auf große Boxgrößen zurück, da sich bei kleineren Boxgrößen ungewöhnlich hohe und schwer zu behandelnde Charts ergeben würden.

Die zweite Entscheidung besteht darin, festzulegen, ob nach der normalen Point & Figure-Methode gearbeitet werden soll, oder ob man auf ein Umkehrchart (reversal chart) zurückgreift.

Der Begriff Umkehrchart sollte dabei nicht mit Umkehrformation verwechselt werden. Ein einfacher P&F-Chart ergibt sich, indem die Kurswerte so dargestellt werden, wie sie sich zeitlich ergeben haben. Bewegt sich der Kurs von 4500 auf 4600, so werden auf einem Chart mit 20-Punkt-Intervallen fünf Hausse-Kreuze dargestellt. Fällt der Kurs von 4600 auf 4500, so werden fünf Kästchen nach unten dargestellt, jetzt in Form von Nullen.

Beim Umkehrchart wird dagegen eine vorher festgelegte Handelsregel angewandt. Eine neue Reihe von X- oder O-Kästchen, eine sogenannte „Stange“, kann danach erst beginnen, wenn sich Kurse um einen bestimmten Betrag in der entgegengesetzten Richtung zum vorherrschenden Trend bewegt haben. Mit Hilfe der Umkehrtechnik ist man in der Lage, geringere Schwankungen, die oft zu Fehlsignalen führen, auszublenden.

Unabhängig von der Boxgröße (egal ob es sich um 0,5-Punkt-, 1-Punkt- oder 5-Punkte-Charts handelt) gilt, dass eine neue Box erst in dem Moment gezeichnet wird, wenn der Kurs sich um die vorher festgelegt Größe verändert hat, d.h. um einen halben Punkt, einen ganzen Punkt oder um fünf Punkte. Da hier nur auf den Preis abgestellt wird, kann es gegebenenfalls mehrere Tage oder Wochen dauern, bevor ein neues Kästchen gezeichnet wird.

3. Die Dow Theorie

Die Dow Theorie ist eine der bekanntesten Methoden zur Identifikation von Trends in den Finanzmärkten. Entwickelt wurde die Methode um das Jahr 1900 von Charles H. Dow, dem Mitbegründer von **Dow Jones & Company**. Im Rahmen seiner Analyse hat der gelernte Finanzjournalist auch den wahrscheinlich berühmtesten Aktienindex der Welt kreiert: den **Dow Jones Industrial Average Index**. Veröffentlicht hat er seine Methode in mehreren Essays seines Börsenbriefes „Customer Afternoon Letter“, aus dem sich das **Wall Street Journal** entwickelte.

Dow entwickelte seine Methode anhand des amerikanischen Aktienmarktes. Er erstellte Indizes, die aus mehreren Aktien unterschiedlicher Branchen bestanden. Die wichtigsten Branchen der damaligen Zeit wurden in den folgenden drei Indizes abgebildet:

- Dow Jones Industrial Average Index (DJIA),
- Dow Jones Transport Index (DJT) und
- Dow Jones Utility Index (DJU).

Eines der wichtigsten Prinzipien der Dow-Theorie ist, dass die Bewegung des Industrie-Index und des Transport-Index im Zusammenhang gesehen werden müssen. Konkret: Beide Indizes müssen einander bestätigen. Dieser Zusammenhang ist eigentlich naturnotwendig, wenn man beide Indizes als Barometer für die zukünftige wirtschaftliche Entwicklung auffasst.

In einer expandierenden Wirtschaft sollten die Investoren sowohl die Preise für die verarbeitende Industrie, als auch von Transportgesellschaften nach oben treiben. Es ist nicht möglich, dass in einer gesunden Wirtschaft Güter zwar produziert aber nicht verkauft, d.h. zum Markt gebracht werden.

In dem nachfolgenden Chart sind der DJIA und der DJT für den Zeitraum von Juni 2004 bis Januar 2009 vergleichend gegenübergestellt. Dabei ist deutlich die Divergenz Mitte 2008 zu erkennen: während der DJIA im Sommer 2008 ein neues Hoch ausbildet, wird dieses vom DJT nicht mehr bestätigt. Der Ausbruch des DJIA über das vorangegangene Top vom Mai 2007

Dieser Chart wurde mit der Software von www.tradesignalonline.de erstellt.

war somit als Fehlsignal zu interpretieren, was anschließend durch die heftigen Kursverluste bestätigt wurde.

Trendbestimmung: Primärtrends und Sekundärtrends

Dow unterscheidet drei Arten von Trends: Primätrends, Sekundärtrends und kleinere Trends (Minor Trends), die in der Literatur teilweise auch als Tertiärtrends bezeichnet werden.

Primärtrends sind ausgedehnte Aufwärts- oder Abwärtsbewegungen, die normalerweise ein Jahr oder länger andauern und eine Wertänderung von mindestens 20% beinhalten.

Bewegungen des Primärtrends werden zwischenzeitlich durch Sekundärtrends in entgegen gesetzter Richtung unterbrochen. Es handelt sich dabei um Korrekturen, die stattfinden, wenn die vorangegangene Dynamik des Primärtrends eine Verschnaufpause erforderlich macht. Die Dauer dieser Bewegungen kann zwischen wenigen Wochen und mehreren Monaten betragen.

Schließlich werden die Bewegungen der Primärtrends und der Sekundärtrends durch kleinere Preisschwankungen – die Minor- oder auch Tertiärtrends – überlagert. Man kann diese Tagesbewegungen auch als Rauschen bezeichnen, welche für die übergeordneten Trends ohne Bedeutung sind.

Eine Konsequenz aus der Definition von Primärtrends und Sekundärtrends ist, dass bei einer Aufwärtsbewegung das Hoch der zweiten Bewegung über dem Hoch der ersten Bewegung und das Tief der zweiten Bewegung über dem Tief der ersten Bewegung liegen muss.

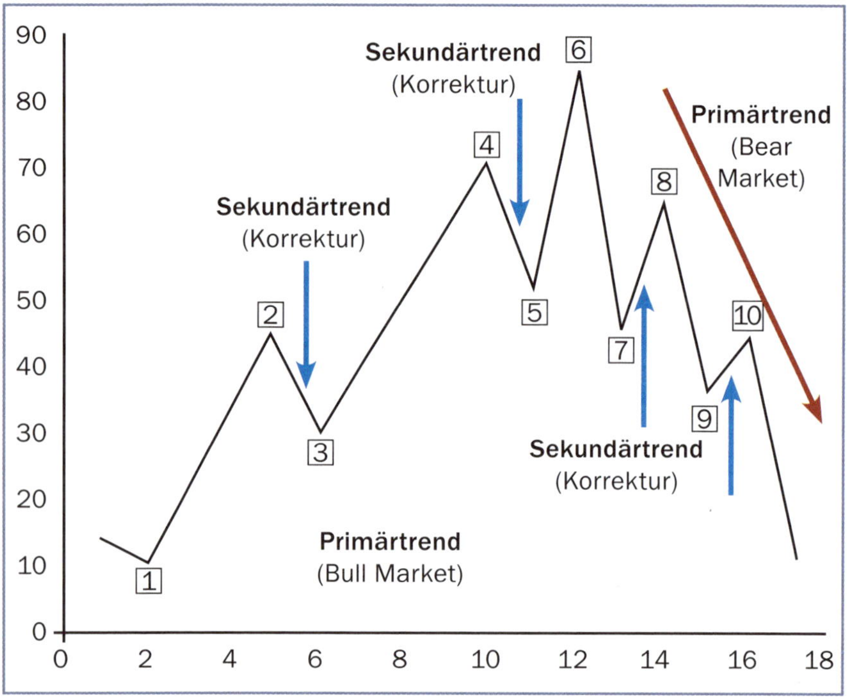

In der Darstellung bedeutet dies, dass der Punkt 4 höher als Punkt 2, Punkt 6 höher als Punkt 4, sowie der Punkt 5 höher als Punkt 3 liegen muss.

Für eine Abwärtsbewegung gilt die gleiche Logik mit umgekehrten Vorzeichen: Punkt 10 muss niedriger als Punkt 8 und Punkt 9 niedriger als Punkt 7 liegen.

Vereinfacht ausgedrückt wird ein primärer Aufwärtstrend durch steigende Tiefpunkte und steigende Hochpunkte, ein primärer Abwärtstrend durch fallende Hochpunkte und fallende Tiefpunkte, charakterisiert.

Im Beispiel sind anhand des DAX die Primär- und Sekundärtrends als rote Linien eingezeichnet. Im Unterschied zur Definition von DOW wurde in der Abbildung für einen Sekundärtrend eine minimale Korrekturbewegung von 10 % unterstellt.

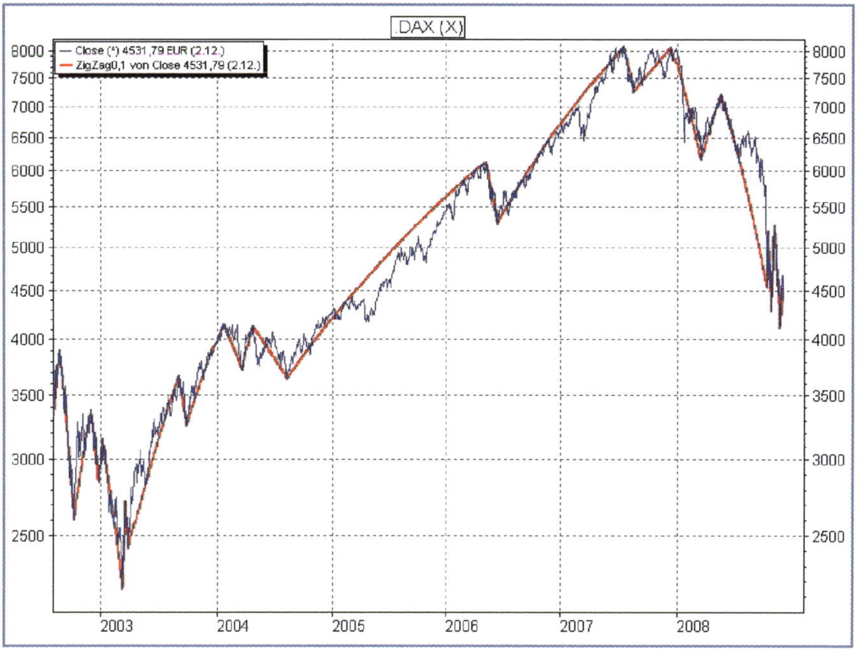

4. Unterstützung und Widerstand

Die Phänomene von Widerstand und Unterstützung gehören zu den wichtigsten Konzepten der Technischen Analyse. Das zugrunde liegende Prinzip baut auf der Balance zwischen Angebot und Nachfrage auf. Je höher das Angebot an Aktien ist, umso stärker fallen die Kurse. Umgekehrt wird ein Anstieg umso größer ausfallen, je höher die Nachfrage für Wertpapiere an den Börsen ist.

Nachdem der Kursverlauf im Allgemeinen als Abfolge von Hoch- und Tiefpunkten dargestellt wurde, soll nun das Konzept von Unterstützungen und Widerständen erklärt werden. Tiefpunkte oder Täler werden dabei als Unterstützungen definiert, d.h. auf diesem Niveau ist das Kaufinteresse so stark, dass es den Verkaufsdruck übersteigt. Somit wird der Kursverfall aufgehalten und der Kurs kann sich wieder erholen. Eine Unterstützung wird üblicherweise durch frühere Tiefpunkte festgelegt. Dabei erhöht sich die Signifikanz einer Unterstützungslinie, je öfter diese vom Kurs angelaufen und nicht unterschritten wurde. Ein neues Hoch im Kursverlauf bildet zunächst einen Widerstand, denn auf diesem Niveau ist der Verkaufsdruck größer als der Kaufdruck.

Widerstandslinien werden mit Hilfe früherer Hochpunkte in den Chart eingezeichnet. Ebenso wie bei Unterstützungen erhöht sich auch bei Widerständen die Signifikanz, je öfter der Kurs vergeblich versucht hat, diese Linie zu durchbrechen.

Allgemein wird von einem Widerstand (resistance) gesprochen, wenn der Kurs nach einer Aufwärtsbewegung ein bestimmtes Kursniveau nicht überwinden kann und von Unterstützung (support), wenn der Kurs nach einer Abwärtsbewegung nicht mehr unter ein bestimmtes Niveau sinkt.

Eine Widerstandsgerade verläuft immer oberhalb des aktuellen Kurses, eine Unterstützungsgerade unterhalb. Sobald der Kurs einen Widerstand überbietet, fungiert dieser fortan als Unterstützung. Analog wird eine unterschrittene Unterstützung im weiteren Kursverlauf zu einem Widerstand.

Die Abbildung zeigt einen typischen Kursverlauf mit Unterstützungen und Widerständen am Beispiel der Allianz-Aktie. Der Kurs bildet zunächst im Oktober 2008 ein Zwischentief bei 48, das sich nun in eine Unterstützung wandelt. Nach dem Ausbilden eines weiteren Zwischentiefs im November kann der Kurs bis 78 durchstarten. Damit wird dieses Kursniveau zum Widerstand. Von hier fällt der Kurs wieder bis auf die 48er-Unterstützung im Februar und März 2009. Das nächste Hoch ist wieder im Bereich des Widerstands bei 78. Erst mit dem Durchbruch über den 78er-Widerstand oder die Unterstützung im Bereich 48 würde eine neue Trendentscheidung fallen.

Für Trader ergeben sich am angegebenen Widerstand bzw. Unterstützung günstige Trading-Gelegenheiten mit geringem

Risiko. Denn im Bereich der Unterstützung bei 48 kann eine Call-Position mit engem Stop unterhalb von 48 eingegangen werden, wodurch sich ein Profit-Potenzial bis 78 ergibt.

Das Wechselspiel zwischen Unterstützung und Widerstand wird im nachfolgenden Chart am Beispiel der Metro-Aktie verdeutlicht.

Zwischen Juli und Oktober 2008 schwankte die Aktie im Bereich von 36 bis 42 Euro. Dabei testete Metro dreimal den 42er-Widerstand und genauso oft die 36er-Unterstützung. Anfang Oktober durchbarch das Wertpapier die Marke von 36 Euro nach unten, wodurch die nun ehemalige Unterstützung bei 36 zum Widerstand wurde. Das gleich Prinzip wiederholte sich zwischen Oktober 2008 und April 2009 im Bereich zwischen 19 und 31 Euro. In diesem Fall mutierte der 31er-Widerstand zur Unterstützung. Im Mai 2009 testete Metro bereits zweimal den 2008er-Widerstand bei 36 Euro, der im Sommer 2008 noch als Unterstützung fungierte.

5. Trendgeraden und Trendkanäle

Bei der Betrachtung beliebiger Aktiencharts fällt auf, dass sich die Kurse von Aktien häufig in lang anhaltenden Trends bewegen. Dabei kann es sich um Aufwärts-, Abwärts- oder auch um Seitwärtstrends handeln. Hieraus resultiert folgerichtig die wichtigste Aufgabe der technischen Analyse, insbesondere der Charttechnik: die Identifizierung und Analyse von Preistrends.

Die meisten Menschen tendieren dazu, von Märkten anzunehmen, dass sie sich immer entweder in einem Auf- oder Abwärtstrend befinden. Dabei sieht die Realität etwas anders

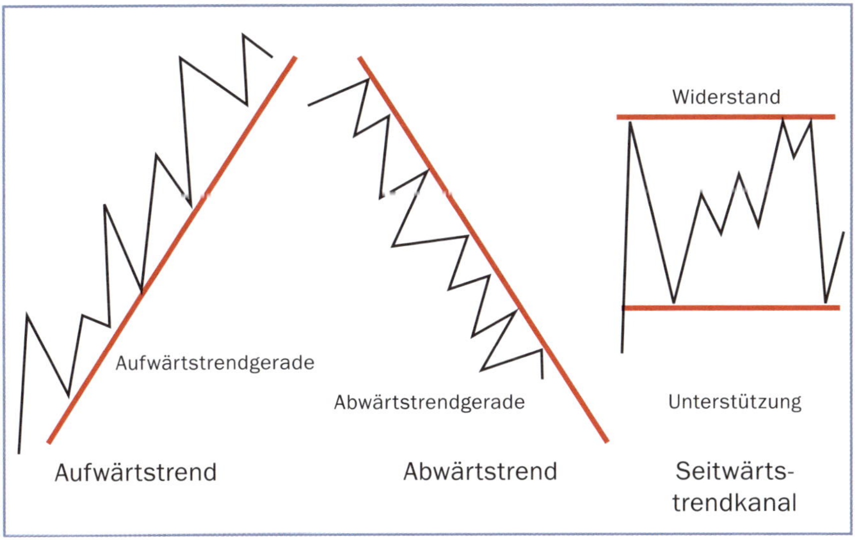

aus, denn Kurse bewegen sich ein Drittel der Zeit in Seitwärtstrends, die auch als Trading Range bezeichnet werden.

Nachfolgend sind deshalb die Basistechniken zur Visualisierung von Trends vorgestellt.

Werden in einem Aufwärtstrend die jeweiligen temporären Tiefpunkte miteinander verbunden, dann entsteht die für den Trend charakteristische Aufwärtstrendgerade, die als Unterstützung angesehen werden kann. Dabei handelt es sich um ein Kursniveau unter dem aktuellen Kurs, wo das Kaufinteresse groß genug ist, um den Verkaufsdruck zu übersteigen. Als Resultat wird der Kursverfall aufgehalten und die Aktie fängt wieder an zu steigen. Entsprechend wird die charakteristische Trendgerade in einem Abwärtstrend, die durch die Verbindung der fallenden Hochpunkte entsteht, Abwärtstrendgerade genannt. Diese wird auch häufig als Widerstand bezeichnet. Widerstand ist das Gegenteil von Unterstützung und bezeichnet ein Kursniveau oberhalb der aktuellen Kurse, wo das Angebot die Oberhand über die Nachfrage gewinnt und sich der Kursanstieg umkehrt.

Eine Unterstützungsgerade, die von den Kursen durchbrochen wird, mutiert zu einem Widerstand und umgekehrt.

Bei einem Seitwärtstrend ist es sinnvoll, sowohl die Tiefpunkte als auch die Hochpunkte durch eine Gerade zu verbinden. Dadurch entsteht eine obere und eine untere Trendgerade. Die obere horizontale Trendgerade wird Widerstand, die untere horizontale Trendgerade Unterstützung, genannt. Hierdurch entsteht eine Formation, die auch oft als Seitwärts-Trendkanal bezeichnet wird. Weitere synonym verwendete Begriffe sind Konsolidierungszone, Haltebereich oder Schiebezone.

Warum sind Trendgeraden so wichtig?

Der Bruch oder die Verletzung einer Trendgerade ist eine erste Indikation, dass der vorherrschende Trend beendet und der Beginn eines neuen Trends eingeleitet wird. Trendgeraden geben damit das Preisniveau einer Unterstützung bzw. eines Widerstandes an.

Auf dem Preisniveau einer Unterstützungslinie wird mit steigender Nachfrage gerechnet, so dass ein weiteres Abrutschen der Preise verhindert werden kann. Demgegenüber repräsentiert ein Widerstand das Preisniveau, auf dem verstärkt Angebot auf den Markt kommt, so dass die Preise wieder nach unten gedrückt werden.

Als Grundregel Nr. 1 gilt: Je flacher die Trendgerade, umso stabiler ist sie auch. Dies bedeutet, dass waagrechte Trendgeraden die stabilste Form der Unterstützung bzw. eines Widerstandes darstellen.

Grundregel Nr. 2 lautet: eine Trendgerade ist umso signifikanter, je öfter sie vom Kurs berührt wird und je länger die Trendgerade ist. Eine Trendgerade von drei bis vier Wochen mit einem Auflagepunkt wird daher nicht so stabil sein, wie eine Trendgerade, die sich über den Zeitraum von einem oder zwei Jahre konstruieren lässt und die fünf oder sechs Berührungspunkte hat.

US Dollar mit zwei Trendgeraden

Am Beispiel des USD sind zwei Trendgeraden eingezeichnet: eine langfristigere mit insgesamt sechs Auflagepunkten, wobei der letzte Auflagepunkt die Bruchstelle des Trends kennzeichnet und eine kurzfristigere Trendgerade mit 4 Auflagepunkten.

In diesem Fall stellt der vierte Berührungspunkt gleichzeitig den Bruch des Trends dar.

Wichtige Erkenntnis: je länger die Trendgerade, umso mehr Auflagepunkte sind möglich. Bei einem Bruch der Trendgerade kann es zu einer heftigen Trendumkehr kommen.

Es wurde bereits erwähnt, dass Unterstützungs- und Widerstandsgeraden zu ihrem Gegenteil mutieren, sobald sie gebrochen werden. Dasselbe Prinzip gilt für Trendgeraden. Anders ausgedrückt, eine Aufwärtstrendgerade wird zu einem Widerstand, sobald sie gebrochen wurde. Das umgekehrte gilt für eine Abwärtstrendgerade, die nach einem Bruch oft zu einer Unterstützung wird.

Trendgerade, Unterstützung und Widerstand sind die elementaren Werkzeuge im Werkzeugkasten eines jeden Technischen Analysten. Diese Bausteine dienen als Basis für alle weiteren Formationen, die in den nachfolgenden Kapiteln besprochen werden.

Allerdings werden mit diesen Werkzeugen nur die Preise der betrachteten Aktien analysiert. Eine weitere wichtige Information zur Bestimmung der zukünftigen Preisentwicklung stellt das Handelsvolumen dar. Dieses wird in aller Regel als Balkengrafik unterhalb der Preiskurve im Chart dargestellt und repräsentiert die Anzahl der an der Börse gehandelten Aktien innerhalb des dargestellten Zeitintervalls.

Im Grundsatz gilt, dass das Volumen mit zunehmender Trendstärke steigt und mit abnehmender Trendintensität fällt. Eine Abweichung von dieser Regel deutet darauf hin, dass ein instabiles Trendverhalten vorliegt. Bei den nachfolgenden Chartformationen wird daher jeweils auch die Entwicklung des Handelsvolumens als wichtiges Kriterium bei der Bewertung einer Chartformation besprochen.

Retracements

Das prozentuale Ausmaß der Korrektur eines Trends wird als Retracement bezeichnet. Ein bekanntes Beispiel ist das 50%-Retracement, bei dem eine Gegenbewegung den vorherrschenden Trend um eben 50% korrigiert, bevor die ursprüngliche Trendrichtung wieder eingeschlagen wird. Steigt z.B. der Euro gegen den Dollar von 1,20 auf 1,40 und würde die folgende Korrektur zu einem Kursrückgang von 1,40 auf 1,30 führen, dann würde man von einem 0,5-Retracement sprechen, weil

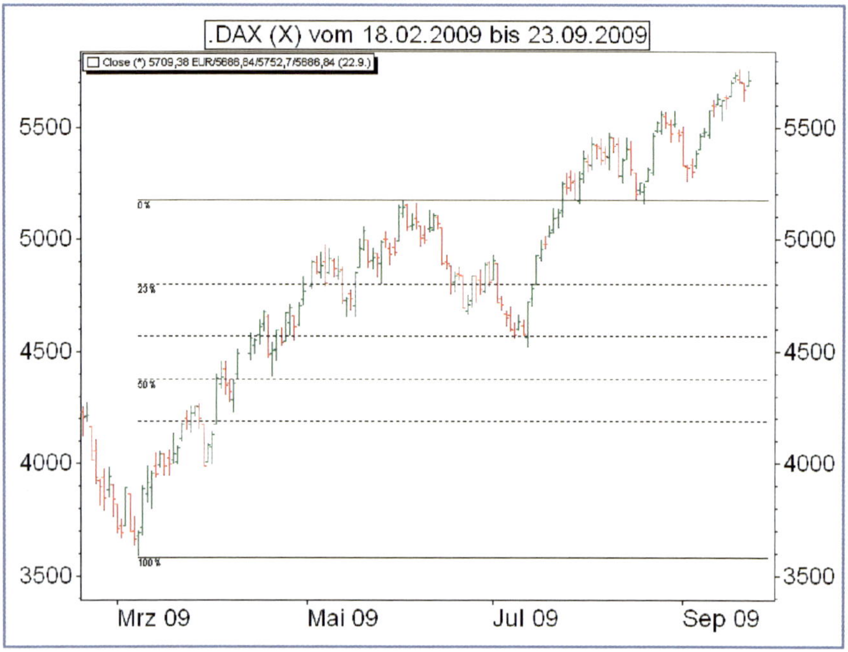

die Korrektur eben 50% oder die Hälfte der Aufwärtsbewegung betragen hat. In der Chartanalyse wird besonders auf die sogenannten „Fibonacci"-Retracements geachtet die bei 38,2% und 61,8% liegen.

Fibonacci-Retracements basieren auf der sogenannten Fibonacci-Zahlenreihe, die Leonard Fibonacci im 13. Jahrhundert entdeckte. Diese Zahlen lauten: 1, 2, 3, 5, 8, 13, 21, 34, 55, 89, 144... und gehen bis ins Unendliche. Dabei ergibt sich die nächste Zahl jeweils durch Addition der beiden vorhergehenden Zahlen. Die „3" ergibt sich als Summe von „1 plus 2", die „5" durch Addition von „2 plus 3" usw. Eine interessante Eigenschaft ist die, dass zwischen den Zahlen ein beinahe konstantes Verhältnis besteht. Nach den ersten sieben Gliedern der Reihe beträgt dieser Wert 0,618 (= 21/34). Das Verhältnis einer Zahl zur ihrer nächst niedrigeren Zahl beträgt ungefähr 1,618. Dies entspricht dem Kehrwert von 0,618. Je höher die Zahlen werden, umso mehr nähern sich die Ratios den Werten 0,618 und 1,618. Das Verhältnis zwischen einer Zahl und der übernächsten Zahl nähert sich dem Wert 2,618 bzw. dem Kehrwert 0,382. z.B. 13/34 = 0,382.

In der Charttechnik benutzt man Fibonacci-Retracements z.B. bei Korrekturen, um Unterstützungszonen ausfindig zu machen. Es funktioniert aber genauso gut bei Rallyes, die in einem intakten Abwärtstrend vorkommen! Denn Aktien und Indizes korrigieren normalerweise vorangegangene Aufwärts-/ Abwärtsbewegungen um bestimmte Prozentsätze. Diese Aussage kann man sogar noch etwas verfeinern: In einem starken Aufwärtstrend liegt das Minimum-Retracement bei 38,2 % und das Maximum-Retracement bei 61,8 %.

6. Kurslücken

In der Fachliteratur werden die Ausdrücke Notierungslücke und Kurslücke synonym verwendet. Wir haben uns (willkürlich) für den Begriff Kurslücke entschieden. Von einer Kurslücke (engl. Gap) spricht man, wenn der tiefste Kurs im aktuellen Bar über dem höchsten Kurs des vorhergehenden Bars liegt bzw. wenn das Hoch des aktuellen Bars unter dem Tief des vorhergehenden Bars liegt. Die Eigenschaften von Notierungslücken sind sowohl für steigende als auch für fallende Kurse in gleicher Weise gültig. In den Charts stellen sich Kurslücken als leere Räume zwischen zwei aufeinanderfolgenden Handelsperioden dar.

Per Definition werden Gaps nur in Balken-Charts und Candlestick-Charts angezeigt, nicht aber in Linien-Charts und Point & Figure-Charts.

Kehren die Kurse nach einer Kurslücke wieder auf das Preisniveau zurück, bei dem sie vor dem Ausbruch waren, dann wird die Kurslücke als „geschlossen“ bezeichnet.

Grundsätzlich werden drei Arten von Kurslücken unterschieden: Ausbruchs-, Fortsetzungs- und Erschöpfungslücken (siehe auch Abbildung auf der nächsten Seite).

Die bei weitem interessanteste und wichtigste Art von Kurslücken sind die Ausbruchslücken. Dies beruht darauf, dass mit der Ausbruchslücke in vielen Fällen ein neuer Trend eingeleitet wird.

Das Wort „Ausbruch“ deutet bereits darauf hin, dass einer Ausbruchslücke eine Seitwärtsphase bzw. eine Konsolidierung vorausgegangen ist. Diese Zeiträume erstrecken sich normalerweise über wenige Tage bis mehrere Wochen. Bricht der Kurs aus dieser Handelsspanne nach oben oder nach unten aus, dann entsteht im Chartbild eine Lücke zwischen den Kursen

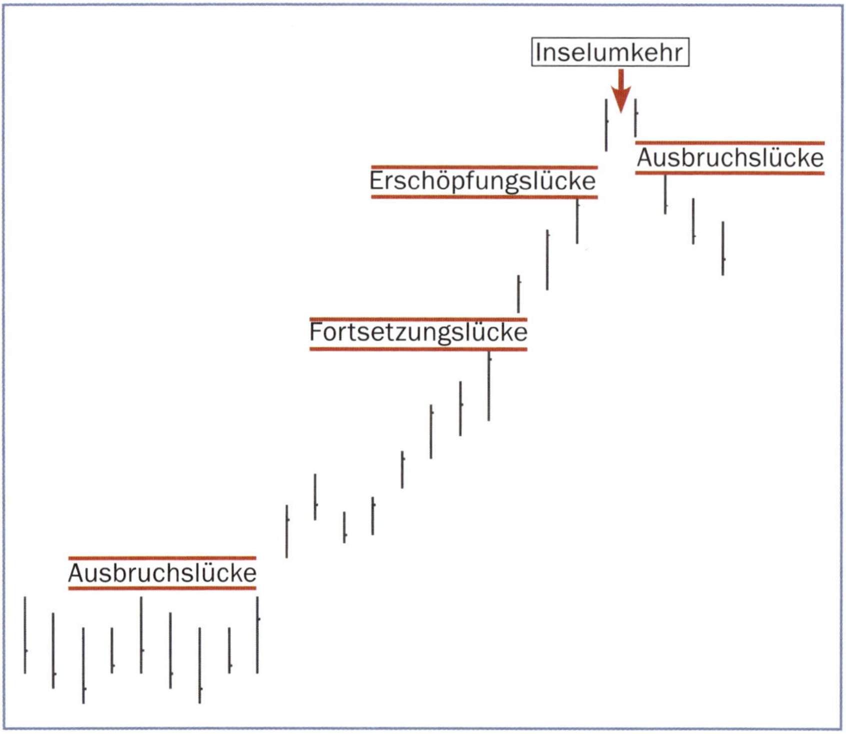

vor und nach der Kurslücke. Der Ausbruch erfolgt dabei nicht innerhalb einer Handelssitzung, sondern erst mit dem Beginn der nächsten Handelstages. Die Ursachen für den Ausbruch können vielfältiger Natur sein. Oftmals sind es wichtige Unternehmensmeldungen, die von den Unternehmen zwischen zwei

Börsentagen veröffentlicht werden. Es kann sich aber auch um eine Neubewertung durch Analysten oder durch Kaufinteresse von großen Fonds oder Investoren handeln.

Charakteristisch für eine Ausbruchslücke – ob nach oben oder nach unten – ist das hohe Umsatzvolumen. Auf dem IBM-Chart ist dies deutlich zu erkennen.

Das Preisniveau des Ausbruchs fungiert ab sofort als Unterstützung (bei einem Ausbruch nach oben) bzw. Widerstand (bei einem Ausbruch nach unten). Die alte Börsenweisheit, dass alle Kurslücken durch eine Gegenbewegung geschlossen werden, ist mit größter Vorsicht zu geniessen. Wie auf dem IBM-Chart erkennbar, ist dies für einen langen Zeitraum nicht der

Fall – wenn die Kurslücke überhaupt irgendwann geschlossen wird.

Fortsetzungslücken sind Preissprünge in Richtung eines bestehenden Trends. Hier wird ein bereits bestehender Trend durch Marktteilnehmer verstärkt, weil sie die Kursbewegung seit der Ausbruchslücke verpasst haben. Auch bei Fortsetzungslücken steigt das Handelsvolumen markant an, jedoch oftmals nicht mehr so stark wie vorher bei der Ausbruchslücke. Im IBM-Chart ist zu erkennen, dass die Fortsetzungslücke oft auf halber Strecke des gesamten Trends liegt. Diese Information lässt bereits bei Auftreten einer Fortsetzungslücke auf das Ausmaß der gesamten Kursbewegung schließen.

Bei ausgeprägten Trends kommt es allerdings häufig vor, dass mehrere Fortsetzungslücken in kurzen Abständen hintereinander erfolgen.

Mit der Erschöpfungslücke wird das nahende Ende des vorherrschenden Trends angekündigt. Die Erschöpfungslücke unterscheidet sich von einer Fortsetzungslücke vor allem durch das geringere Handelsvolumen. Folgt auf eine Erschöpfungslücke nach wenigen Handelssitzungen eine Ausbruchslücke nach unten, dann entsteht die Formation einer Inselumkehr. Damit wird der vorangegangene Trend endgültig beendet. Die Ausbruchslücke in die Gegenrichtung des vorherrschenden Trends wird wieder mit einem erhöhten Handelsvolumen begleitet.

7. Trendumkehr Formationen

Chartformationen können grundsätzlich in zwei Kategorien unterteilt werden:

- Formationen, die für einen bestehenden Trend eine Umkehr andeuten und
- Formationen, die lediglich die Konsolidierung eines bestehenden Trends mit anschließender Fortsetzung des Trends in die ursprüngliche Richtung signalisieren.

Erstere werden Trendumkehr-Formationen genannt und sind Gegenstand des vorliegenden Kapitels. Letztere werden als Trendbestätigungsformationen bezeichnet und werden im nächsten Kapitel besprochen.

Schulter-Kopf-Schulter-Formation

Die Schulter-Kopf-Schulter-(S-K-S)-Formation gehört zu den bekanntesten und auch zu den verlässlichsten Formationen im Bereich der Chartanalyse. Tritt die S-K-S-Formation am Ende eines Aufwärtstrends auf, dann ist dies ein Zeichen für fallende Kurse. Eine S-K-S Formation nach einer längeren Phase fallender Kurse wird auch als inverse S-K-S-Formation bezeichnet und signalisiert steigende Kurse.

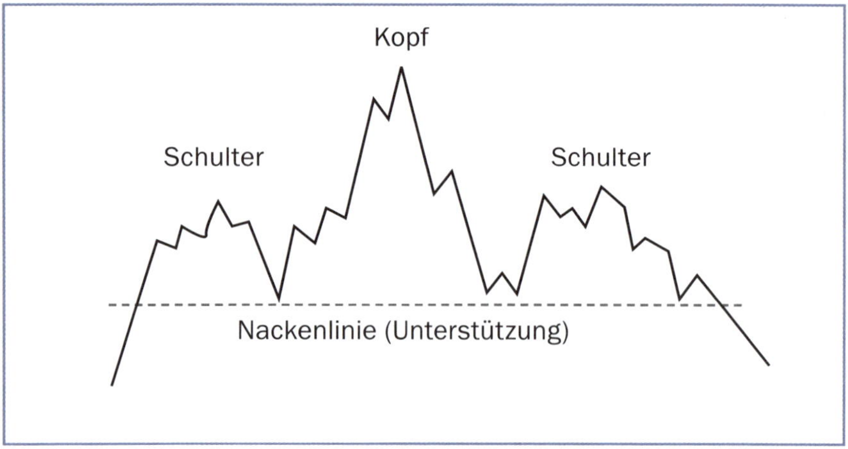

Die Grafik zeigt anschaulich, woher die Formation ihren Namen erhält: In einem Aufwärtstrend bildet sich ein erstes Hoch aus – die linke Schulter. Eine sich daran anschließende kurze Konsolidierung wird durch einen neuen sekundären Aufwärtstrend abgelöst, der zu einem weiteren Hochpunkt – dem Kopf – führt. Dessen Preisniveau liegt über dem der linken Schulter. Von hier aus korrigiert der Markt erneut bis zu dem Kursniveau auf Höhe des Tiefs zwischen linker Schulter und Kopf. Auf diesem Kursniveau treibt neue Nachfrage die Kurse erneut zu einem Zwischenhoch, dessen Kursniveau in etwa auf Höhe der linken Schulter zu liegen kommt. Dieses Zwischenhoch wird als die rechte Schulter bezeichnet und kann bereits als der Beginn eines neuen Abwärtstrends interpretiert werden. Voraussetzung hierfür ist allerdings, dass im Anschluss ein Durchbruch durch die Nackenlinie erfolgt. Diese Nackenlinie ergibt sich als Verbindung der Tiefpunkte während der Konsolidierungen zwischen den S-K-S-Hochpunkten.

Die dargestellte S-K-S-Formation ist idealtypisch und wird in dieser Form in der Realität eher selten vorkommen. In den meisten Fällen werden die Tiefpunkte zwischen linker Schulter und Kopf, sowie Kopf und rechter Schulter nicht auf dem gleichen Preisniveau liegen, so dass sich eine nach oben oder nach unten geneigte Nackenlinie ergibt.

Komplexere Varianten der S-K-S-Formation können mehrere Schultern – sowohl auf der linken als auch auf der rechten Seite des Kopfes – beinhalten. Für die Nackenlinie gilt dabei die gleiche Faustregel, wie für alle Unterstützungs- bzw. Widerstandslinien: je waagrechter die Linie verläuft und je mehr Berührungspunkte die Linie aufweist, umso

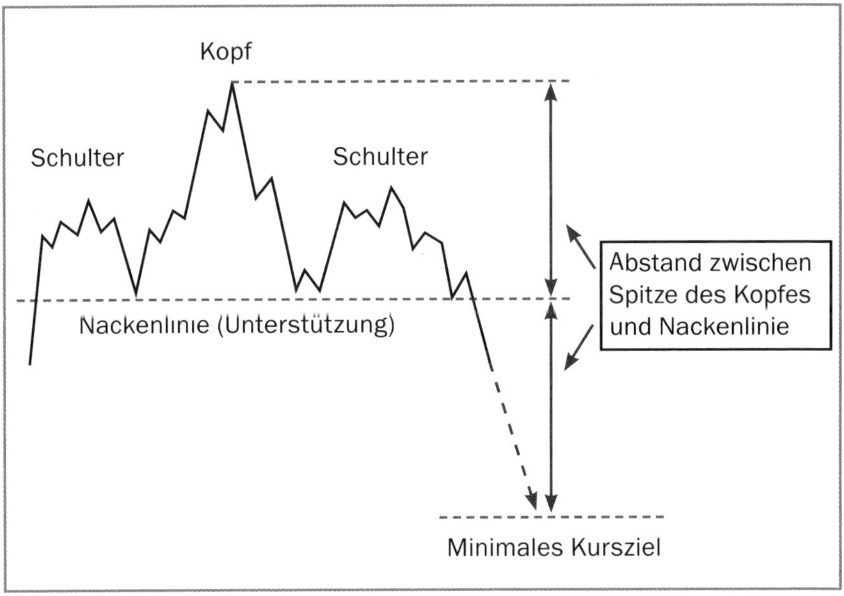

signifikanter muss ein Durchbruch durch diese Linie bewertet werden.

Der große Vorteil einer S-K-S-Formation besteht darin, dass mit dem Durchbruch der Nackenlinie eine Prognose für das Ausmaß der nachfolgenden Preisbewegung abgegeben werden kann.

Wird am Durchbruchpunkt der Nackenlinie die Differenz zwischen der Spitze des Kopfes und der Nackenlinie nach unten abgetragen, so ergibt sich das Preisniveau für die minimale Kursbewegung zur Vollendung der Formation.

Die S-K-S-Formation tritt nach längeren Aufwärtstrends auf und signalisiert fallende Kurse. Damit ist sie eine „bearishe“ Formation. Das Pendant für steigende Kurse tritt am Ende eines

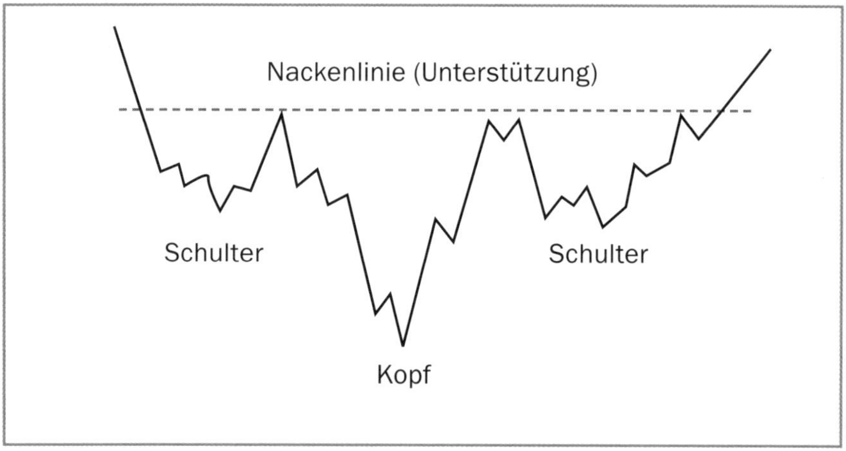

längeren Abwärtstrends auf und kann damit in die Kategorie „bullishe“ Formation eingereiht werden. Diese wird auch inverse S-K-S-Formation genannt. Das Strukturbild einer inversen

S-K-S-Formation ergibt sich durch Spiegelung an der Horizontalachse nach unten.

Am praktischen Beispiel der MAN Stammaktien wird das Prinzip der S-K-S-Formation nochmals verdeutlicht.

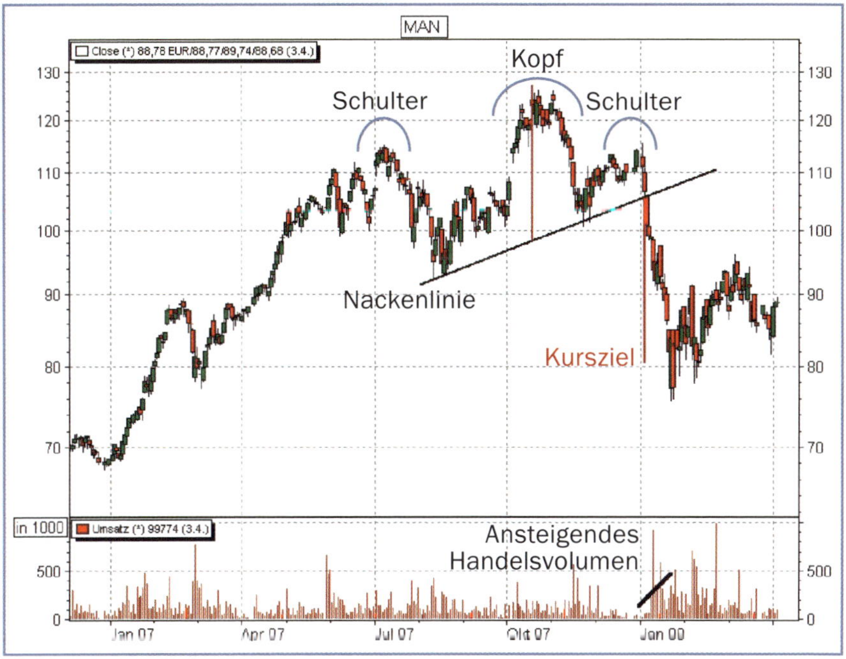

Dargestellt ist die Kursentwicklung der MAN Aktie von Ende 2006 bis Anfang 2008. Als Darstellung wurde ein Candlestick-Chart auf Basis von Tagesdaten gewählt. Das tägliche Handelsvolumen ist in einem separaten Graph unterhalb der Preisentwicklung als Balkengrafik gezeichnet.

Die Aktie befand sich bis Mitte 2007 in einem soliden Aufwärtstrend. Nach der Ausbildung eines Tops – die linke Schulter – Anfang Juli 2007 schloss sich in den darauffolgenden Wochen eine erste größere Korrektur an. Diesem Kursrückgang folgte eine neuerliche Aufwärtsbewegung, die Anfang November 2007 mit einem neuen Top – dem Kopf – abgeschlossen wurde. Das Kursniveau der linken Schulter lag deutlich oberhalb des zweiten lokalen Hochs, wobei allerdings der Preisanstieg nicht von gleichzeitig ansteigendem Volumen begleitet wurde. Dies war ein erstes Anzeichen, dass sich ein langer Trend seinem Ende neigt.

Nach einem erneuten Zwischentief Anfang Dezember 2007 bildete sich bis Ende Dezember 2007 die rechte Schulter aus. Bei diesem lokalen Zwischenhoch erreichte die Aktie nahezu das identische Preisniveau wie sechs Monate zuvor bei der linken Schulter. Allerdings wurde auch diese letzte Erholung nicht von steigenden Umsätzen begleitet.

Damit lässt sich bereits eine wichtige Eigenschaft von S-K-S-Formationen formulieren: Das Volumen auf dem Weg zu den lokalen Hochpunkten – linke Schulter, Kopf und rechte Schulter – steigt nicht an. In vielen Fällen ist sogar von Hochpunkt zu Hochpunkt ein abnehmendes Volumen festzustellen.

Durch die Verbindung der temporären Tiefpunkte während der Konsolidierungen nach Ausbildung der linken Schulter und des Kopfes lässt sich die Nackenlinie konstruieren. Im vorliegenden Fall der MAN Aktie steigt die Nackenlinie leicht an, da der Tiefpunkt im August etwas tiefer als der Tiefpunkt Ende November liegt.

Anfang Januar 2008 wird die Nackenlinie nach unten durchbrochen. Dies ist das erste Zeichen, dass es sich bei der vorliegenden Formation auch tatsächlich um eine S-K-S Formation handeln könnte. Unterstützt wird diese Einschätzung von einem deutlich anziehenden Handelsvolumen. Offensichtlich vermuten nun viele Marktteilnehmer eine Umkehr des bis dato vorherrschenden aufwärtsgerichteten Primärtrends.

Der große Vorteil einer S-K-S-Formation liegt nun darin, dass mit dem Durchbruch durch die Nackenlinie ein minimales unteres Preisziel prognostiziert werden kann. Hierzu wird der senkrechte Abstand zwischen dem Hochpunkt des Kopfes und der Nackenlinie gemessen. Wird diese Strecke am Durchbruchpunkt der Nackenlinie nach unten abgetragen, dann ergibt sich eine Schätzung für das minimale untere Preisniveau.

Der Hochpunkt des Kopfes lag bei ca. 127 €. Zu diesem Zeitpunkt verlief die Nackenlinie bei etwa 97 €. Die Differenz von 30 € wird am Durchbruchpunkt der Nackenlinie, der aufgrund der aufwärtsgerichteten Tendenz der Nackenlinie bei ca. 105 € liegt, nach unten abgetragen. Damit liegt das minimale Preisziel der Formationen bei einem Kurs von 75 €, welcher im vorliegenden Fall exakt erreicht wurde.

Doppel-Hoch und Doppel-Tief

Liegt bei einer S-K-S-Formation der Hochpunkt des Kopfes auf gleicher Höhe mit der linken und der rechten Schulter, dann wird diese Formation Dreifach-Hoch genannt. Entsprechend liegt ein Dreifach-Tief vor, wenn bei einer inversen S-K-S-Formation der Tiefpunkt des Kopfes auf dem gleichen Preisniveau wie linke und rechte Schulter zu liegen kommt.

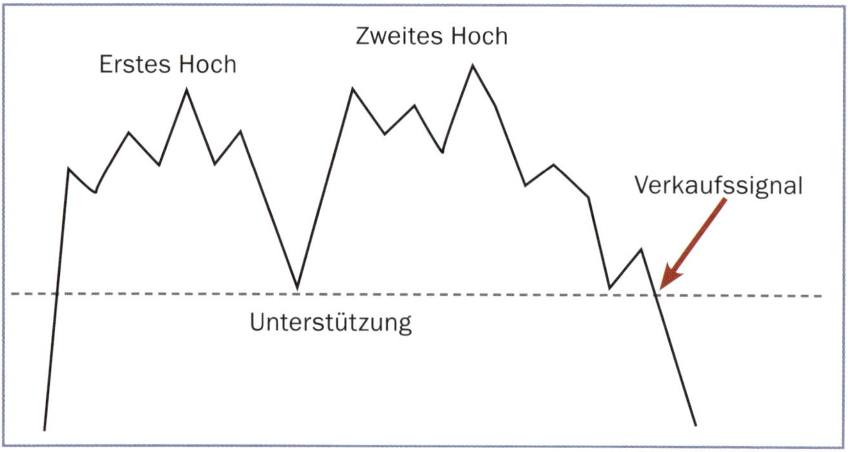

Die Interpretation von Dreifach-Hoch und Dreifach-Tief erfolgt analog zu der Interpretation der S-K-S- bzw. inversen S-K-S-Formation.

Dreifach-Hoch und Dreifach-Tief sind sehr seltene Formationen. Die weitaus häufiger vorkommenden Geschwister dieser Formationen sind das Doppel-Hoch und das Doppel-Tief. Wie der Name bereits andeutet, werden diese Formationen durch zwei temporäre Hochs bzw. Tiefs gekennzeichnet. Anders ausgedrückt besteht ein Doppel-Hoch aus zwei Kursgipfeln, die durch eine Reaktionsphase oder ein Kurstal verbunden sind. Ein Doppel-Tief ist demgegenüber eine Formation bestehend aus zwei Tiefpunkten, die durch eine Zwischenerholung miteinander verbunden werden. Aufgrund der Ähnlichkeit des Doppel-Hochs mit dem Buchstaben „M“ wird dieses Chartbild als „M“-Formation genannt. Analog heißt das Doppel-Tief auch „W“-Formation.

Bei der „M"-Formation markieren die Kurse in einem Aufwärtstrend ein temporäres Hoch, das nach einer Konsolidierung durch ein zweites Hoch nicht mehr signifikant überschritten wird. Durch den zwischen den beiden Hochpunkten liegenden Tiefpunkt kann eine horizontale Unterstützungslinie gezeichnet werden. Der Durchbruch durch diese Unterstützungslinie nach Erreichen des zweiten Hochpunktes wird als Verkaufssignal gewertet.

Ähnlich wie bei der S-K-S-Formation steigt das Handelsvolumen mit Erreichen des zweiten Hochpunktes nicht mehr an. Erst mit dem Verkaufssignal sind bei fallenden Kursen wieder steigende Umsätze zu beobachten.

Ein minimales Kursziel wird beim Doppel-Hoch errechnet, indem die Differenz zwischen höchstem Hoch und der Unterstützungslinie am Durchbruchpunkt durch die Unterstützungslinie nach unten abgetragen wird.

Das Doppel-Hoch wird am Beispiel der Hypo Real Estate Aktie gezeigt. Im Chart ist die Kursentwicklung und das Handelsvolumen von November 2006 bis Mai 2007 dargestellt.

Nach einem ersten Hoch im Januar 2007 bei 53 € folgt ein Zwischentief bei 50 €. Dieses Tief bestimmt das Kursniveau der Unterstützung, während durch das Hoch bei 53 € ein Widerstand definiert wird. Das Zweite Hoch Mitte Februar 2007 erreicht nicht mehr die Spitze des ersten Hochs. Im Rahmen der folgenden Konsolidierung kommt es Ende Februar zum Durchbruch der Unterstützungslinie. Die folgende Kursbewegung lassen Preise bei etwa 47 € erwarten. Im vorliegenden Fall wurde das Preisziel sogar um zwei Euro unterboten.

Auch hier kann der typische Anstieg des Handelsvolumens mit dem Durchbruch durch die Unterstützungslinie beobachtet werden.

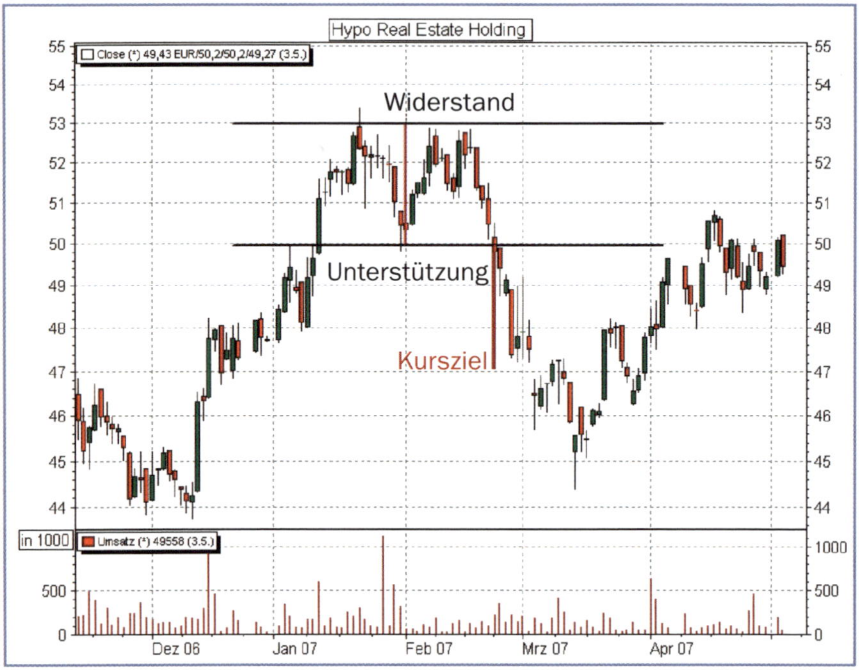

Als Beispiel für ein Doppel-Tief ist nachfolgend der Chart von Anheuser Busch für den Zeitraum von Juni 2005 bis Oktober 2006 abgebildet. Nach einem Abwärtstrend fällt die Aktie auf das erste Tief bei 40 US $. Die anschließende mehrmonatige Konsolidierungsphase wurde mit einem temporären Zwischenhoch bei 45 US $ und dem zweiten Tief bei wiederum 40 US $ durchlaufen.

Der Widerstand bei 45 US $ wurde Ende April 2006 bei anziehenden Umsätzen durchbrochen. Ab diesem Zeitpunkt diente

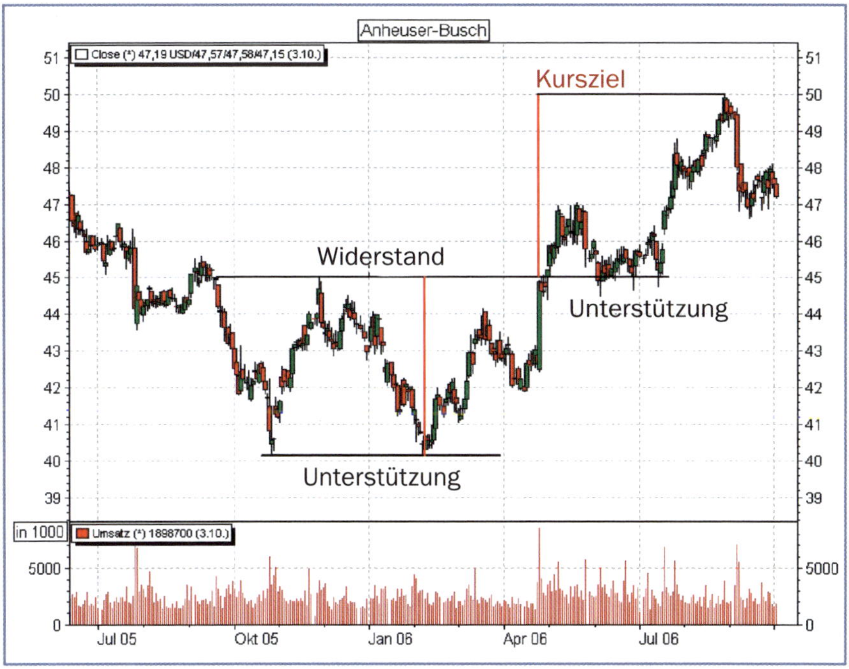

dieses Kursniveau bei 45 US $ als Unterstützung. Dieser Bereich wurde im Juni und Juli 2006 mehrmals getestet, jedoch immer wieder erfolgreich verteidigt. Anschließend war der Weg frei zu dem anhand des Doppel-Tiefs errechneten Kursziel bei 50 US $.

V-Formation und Untertassen

Bisher wurden im Rahmen dieses Buches Formationen mit mehreren Hoch- bzw. Tiefpunkten vorgestellt. Wird diese Systematik weiter heruntergebrochen, dann ergeben sich Formationen mit nur einem Tiefpunkt – den V-Formationen – und anschließend zu Formationen, bei denen ein Tiefpunkt nicht mehr eindeutig feststellbar ist, da die Kurse langsam austrocknen. Letztere Formationen werden auch als Untertassen bezeichnet.

V-Formationen und umgekehrte V-Formationen sind Formationen, die am Ende eines Abwärtstrends bzw. Aufwärtstrends vorkommen und das Signal für steigende Kurse bzw. fallende Kurse geben. Untertassen hingegen sind Formationen, die nur am Ende von Abwärtstrends als Signalgeber für steigende Kurse auftreten. V-Formationen sind sehr schwierig zu handhaben, da diese Formationen plötzlich und ohne Vorankündigung eine Trendumkehr einleiten. Am Beispiel der Aktien der Deutschen Postbank wird dies nochmals deutlich.

Der Chart stellt die Preis- und Volumenentwicklung der Deutschen Postbank für den Zeitraum von Dezember 2006 bis

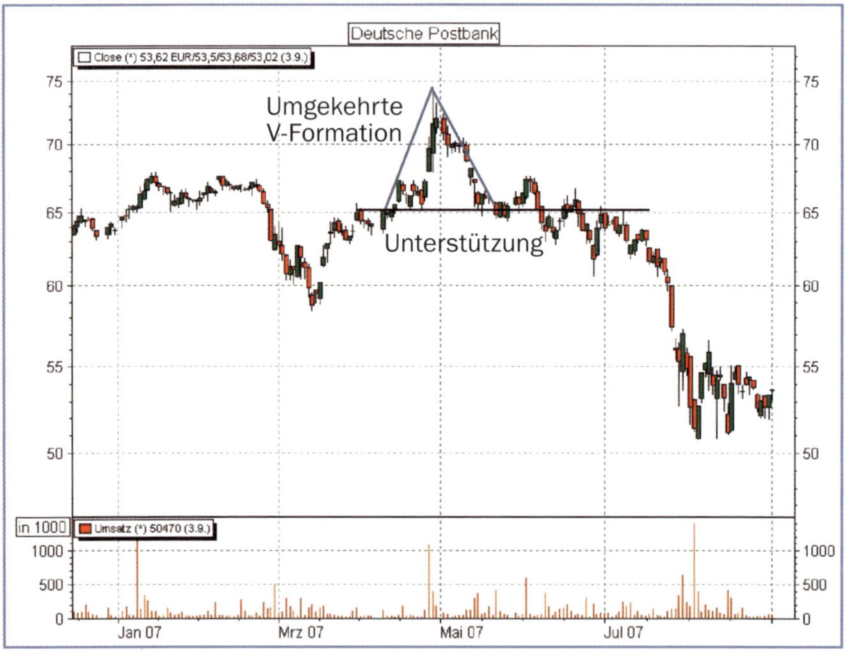

September 2007 dar. Kurz nach dem Erreichen der Höchststände im Ende April 2007 bei Kursen um etwa 74 € dreht die Aktie ansatzlos wieder nach unten ab und startet einen neuen Abwärtstrend.

Die einzige Orientierungslinie für die weitere Einschätzung der Kursentwicklung besteht in diesem Fall aus der Unterstützungslinie, die sich durch Verbinden der Tiefpunkte unmittelbar vor bzw. nach Ende der V-Formation ergeben.

Verläuft der bei der V-Formation plötzlich auftretende Trendwechsel langsamer und mit geringeren Schwankungen, dann kann sich eine Untertasse – manchmal auch als runder Boden bezeichnet – ausbilden. Kennzeichen des runden Bodens ist ein allmähliches Austrocknen der Kurse, wobei zunächst leicht fallende und anschließend wieder leicht steigende Kurse zu verzeichnen sind.

Untertassen treten nicht sehr häufig auf und verlaufen über einen längeren Zeitraum von mehreren Monaten. Dadurch verlieren viele Investoren das Interesse an dieser Aktie, was im Anschluss zu einem Nachgeben der Kurse bei geringer Schwankungsbreite führt. Erst wenn nach einer gewissen Zeit neues Anlegerinteresse entsteht, beginnen die Kurse wieder leicht zu steigen.

Nachdem sich ein runder Boden – die Untertasse – ausgebildet hat, ist die Basis für weiter steigende Kurse gelegt. Diese wird meist durch eine Charttechnische Konsolidierungsformation – Dreieck, Rechteck etc. – eingeleitet. Im Chart sieht die Formation aus wie eine Untertasse mit Henkel. Das Volumen verhält sich spiegelbildlich zur Kursentwicklung: zuerst nachgebend und nach und nach wieder leicht anziehend.

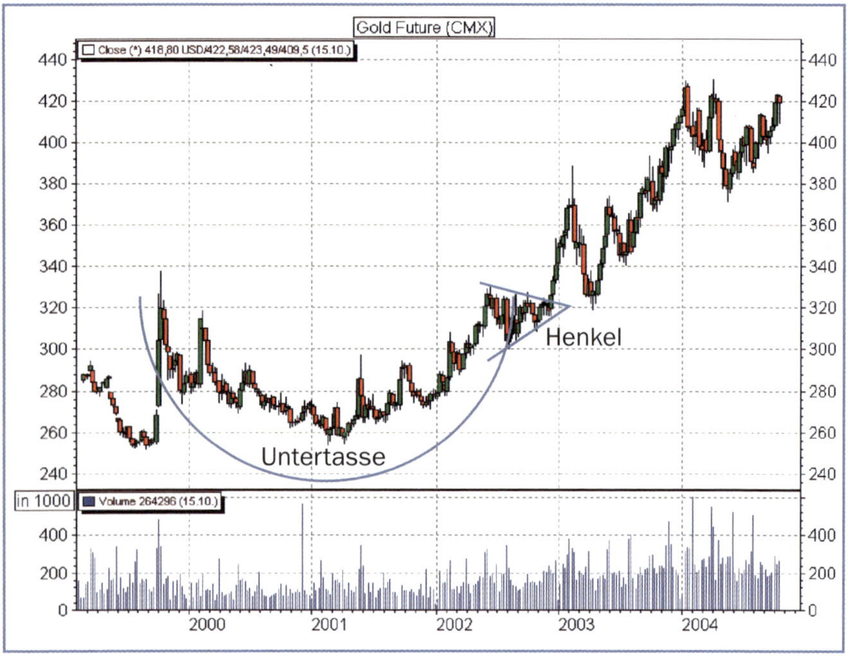

Die Untertasse mit Henkel ist im Chart am Beispiel des Goldpreises auf wöchentlicher Basis dargestellt. Die gesamte Formation beansprucht den Zeitraum von Mitte 2000 bis Ende 2002, immerhin etwas mehr als zweieinhalb Jahre.

Nach Ausbildung der Untertasse folgt der Henkel in Form eines nahezu gleichseitigen Dreiecks (diese Formation wird im nächsten Unterkapitel näher erläutert). Mit einem erster Ausbruch, der zu neuen temporären Höchstkursen führt, wird die Formation beendet. Dies ist der Startpunkt für den Beginn eines mehrjährigen Aufwärtstrends.

Wer die Formation einer Untertasse erfolgreich am Markt umsetzen will, benötigt vor allem Eines: sehr viel Geduld. Trotzdem lohnt es sich vor allem für längerfristig orientierte Investoren, auf die Ausbildung dieser Formation in Märkten zu achten, die für lange Zeit nicht im Fokus der breiten Öffentlichkeit standen.

Dreiecke und Rechtecke

Dreiecke und Rechtecke gehören mit zu den am häufigsten auftretenden Formationen der Chartanalyse – leider auch zu den unzuverlässigsten. Dies liegt daran, dass Dreiecke sowohl Trendbestätigungsformationen sein können, aber auch am Beginn oder am Ende von Trends auftreten und damit eine Trendumkehr anzeigen.

Durch ein Rechteck wird die bereits eingangs beschriebene Konsolidierungs- oder Schiebezone im Chart abgebildet. Dies

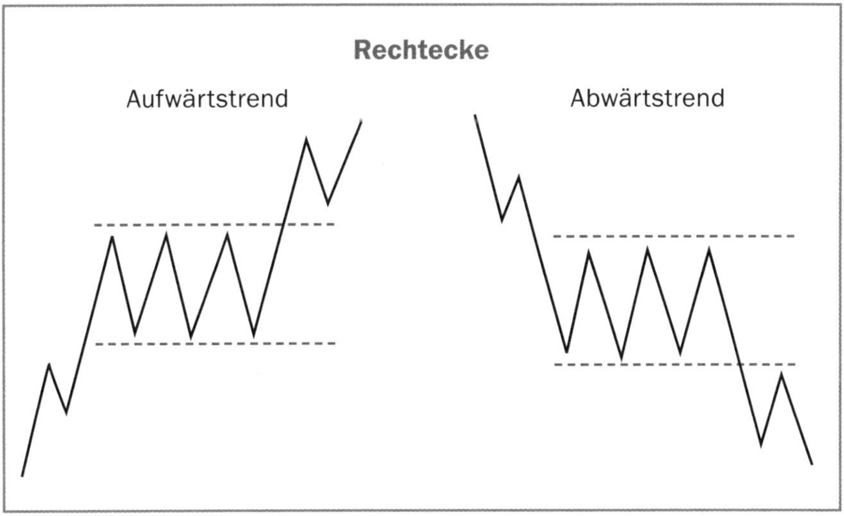

bedeutet, dass sich die Preis nach einem Trend in einer gleichmäßigen Spanne innerhalb eines Kanals seitwärts bewegen.

Die Grafik auf Seite 59 illustriert dies jeweils für einen Aufwärts- und einen Abwärtstrend. Dabei wird die Dauer der Seitwärtsbewegung umso länger sein, je ausgeprägter der vorangegangene Trend war. Im Allgemeinen setzt sich der Trend in Richtung des vor der Konsolidierung bestehenden Primärtrends fort. Allerdings gibt es auch zahlreiche Ausnahmen, bei denen die Formation einer Trendumkehr vorausgeht und damit in die Reihe der Trendumkehr–Formationen einzuordnen ist.

Am Beispiel des IBM-Charts für das Jahr 2005 wird dies deutlich. Seit Beginn des Jahres 2005 vollzog IBM eine dynamische Ab-wärtsbewegung, bei der die Aktie von 100 US $ bis auf 70 US $ Mitte April zurückfiel. Bis Anfang Juli 2005 oszillierte die

Aktie zwischen 71 US $ und 78 US $. Am 08. Juli 2005 brach der Kurs bei steigendem Handelsvolumen aus der Konsolidierungszone aus und beendete damit die seit Anfang des Jahres bestehende Abwärtsbewegung, um sich bis zum Ende des Jahres 2005 wieder auf den Bereich um 90 US $ zu erholen.

Dieses Beispiel zeigt deutlich, dass Rechteckformationen (ebenso wie auch Dreiecksformationen) durchaus auch die Umkehr eines Trends anzeigen können. Da die Interpretation der Formationen sich nur durch die vorangehende Bewegung unterscheidet, werden Dreiecke im Kapitel über die Trendbestätiguns-Formationen behandelt.

8. Trendbestätigungs-Formationen

Im vorhergehenden Kapitel wurden Formationen beschrieben, die eine Umkehrung der vorherrschenden Trendrichtung ankündigen. Demgegenüber gibt es auch Formationen, die keine Trendumkehr anzeigen, sondern lediglich im Verlauf einer Konsolidierung entstehen. Es sind also Formationen, die einen vorherrschenden Trend für eine bestimmte Zeit unterbrechen, bevor sich die Kurse anschließend wieder in Richtung dieses Trends weiterbewegen. Diese Formationen sind daher auch unter dem Begriff Fortsetzungsformationen bekannt.

Zu den am häufigsten auftretenden Trendbestätigungs-Formationen zählen die Dreiecke, Flaggen, Keile und Wimpel.

Dreiecke

Es gibt zwei unterschiedliche Klassen von Dreiecken: symmetrische und rechtwinklige Dreiecke. Beide Arten von Dreiecken kommen sowohl in Aufwärts- als auch in Abwärtstrends vor. Bei den rechtwinkligen Dreiecken zeigt ein aufsteigendes Dreieck eine Konsolidierung innerhalb eines Aufwärtstrends an. Das absteigende Dreieck kommt als Konsolidierungsformation innerhalb eines Abwärtstrends vor.

Symmetrische Dreiecke bestehen aus zwei konvergierenden Trendlinien, die innerhalb einer Konsolidierungsformation nach einem Trend durch jeweils fallende temporäre Hochpunkte bei gleichzeitig steigenden Tiefpunkten gebildet werden. Symmetrische Dreiecke eines Abwärtstrends und symmetrische Dreiecke innerhalb eines Aufwärtstrends unterscheiden sich demzufolge lediglich durch die der Konsolidierung vorangehende Kursentwicklung.

Das aufsteigende Dreieck tritt als Konsolidierungsformation innerhalb eines Aufwärtstrends auf. Dabei liegen die temporären Hochpunkte auf gleicher Höhe, wodurch sich eine waagrechte

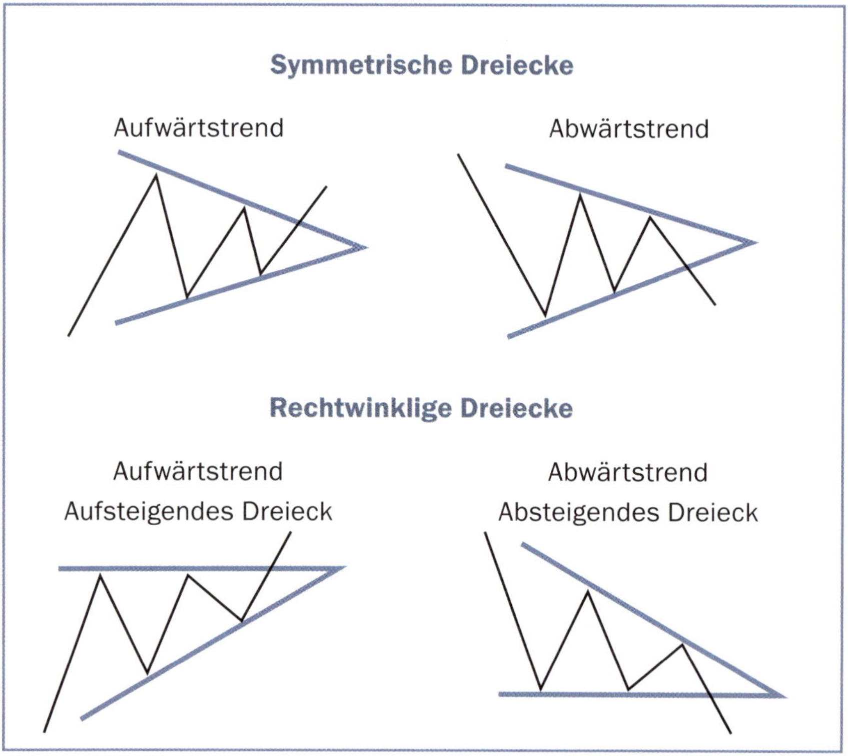

Widerstandslinie ergibt. Die untere Trendlinie weist eine steigende Tendenz auf, da sie anhand steigender Tiefpunkte konstruiert wird.

Ein absteigendes Dreieck verhält sich im Grunde genommen genau umgekehrt, da hier eine waagrechte Unterstützungslinie in der Spitze durch die fallende Widerstandslinie geschnitten wird.

Sowohl für die symmetrischen als auch für die rechtwinkligen Dreiecke gibt es einige gemeinsame Eigenschaften.

Als Basis wird die vertikale Linie bezeichnet, mit der die linken Anfangspunkte der Trendlinien verbunden werden. Die Länge dieser Basis bestimmt auch das minimale Kursziel nach einem Ausbruch aus der Konsolidierungsformation, indem die Basis bei einem Ausbruch nach oben an den Ausbruchspunkt angelegt wird.

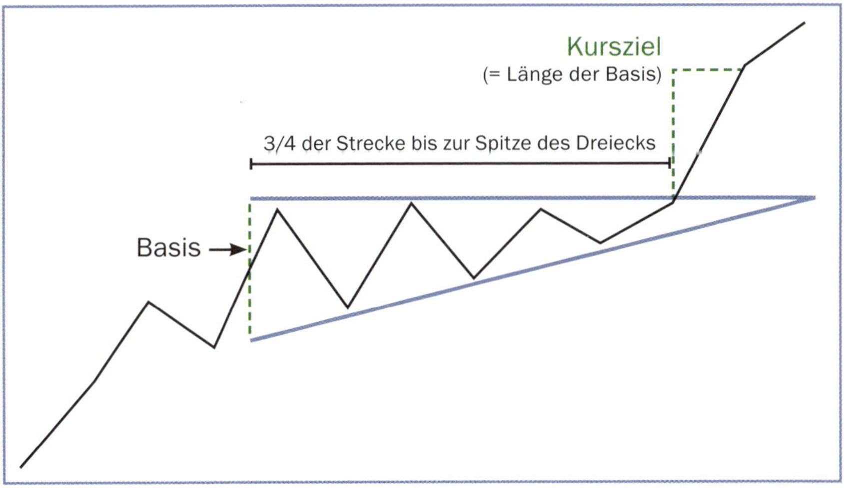

Die Minimalanforderungen für ein Dreieck liegen bei mindestens drei oberen und drei unteren Auflagepunkten. Da es sich bei Dreiecken lediglich um das Zusammenfügen von Widerstands- und Unterstützungslinien handelt gilt auch hier, dass mit steigender Anzahl der Auflagepunkte eine höhere Aussagekraft erreicht wird. Aber die Kurse dürfen nicht zu weit in die Spitze des Dreiecks laufen, da sonst die Gefahr einer länger anhaltenden Seitwärtsbewegung besteht.

Spätestens nach drei Vierteln der Länge des Dreiecks sollte ein Ausbruch in die ein oder andere Richtung erfolgen, ansonsten gilt die Formation als aufgelöst.

Anhand des Charts der RWE Stammaktien von Anfang 2005 bis November 2008 wird die Ausgestaltung des gleichseitigen Dreiecks an einem praktischen Beispiel erläutert.

Die Aktie befand sich seit Beginn 2005 in einem soliden Aufwärtstrend und erreichte Ende 2006 ihr temporäres Hoch bei 90 €. Die anschließende Konsolidierungsformation gestaltete sich in Form eines gleichseitigen Dreiecks. Die Ausgestaltung des Dreiecks nahm fast 9 Monate bis Mitte September in Anspruch. Dabei sind sowohl bei der Abwärts- als auch der Aufwärtstrendlinie jeweils drei Umkehrpunkte erkennbar. Die Basis wurde als senkrechter Abstand vom Hochpunkt bei 90 € bis zur nach links verlängerten unteren Trendlinie mit 20 € gemessen. Durch Abtragen der Basis an den Ausbruchspunkt Mitte September ergab sich ein prognostiziertes Kursziel von 102 €. Dieses Kursziel wurde im vorliegenden Fall punktgenau erreicht.

An einem weiteren praktischen Beispiel wird die Funktionsweise des absteigenden Dreiecks demonstriert. Hierzu ist der Chart der Symrise Aktie von Anfang 2007 bis November 2008 dargestellt.

Die Aktie befand sich seit Mitte 2007 in einem Abwärtstrend und war bereits von ihrem Hoch bei 22 € auf etwa 15 € Anfang 2008 gefallen. Dieses Niveau diente bis Mitte 2008 mehrmals als untere Unterstützung. Gleichzeitig markierte die Aktie im ersten Halbjahr 2008 immer tiefere Hochpunkte, wodurch die obere fallende Trendlinie definiert wurde.

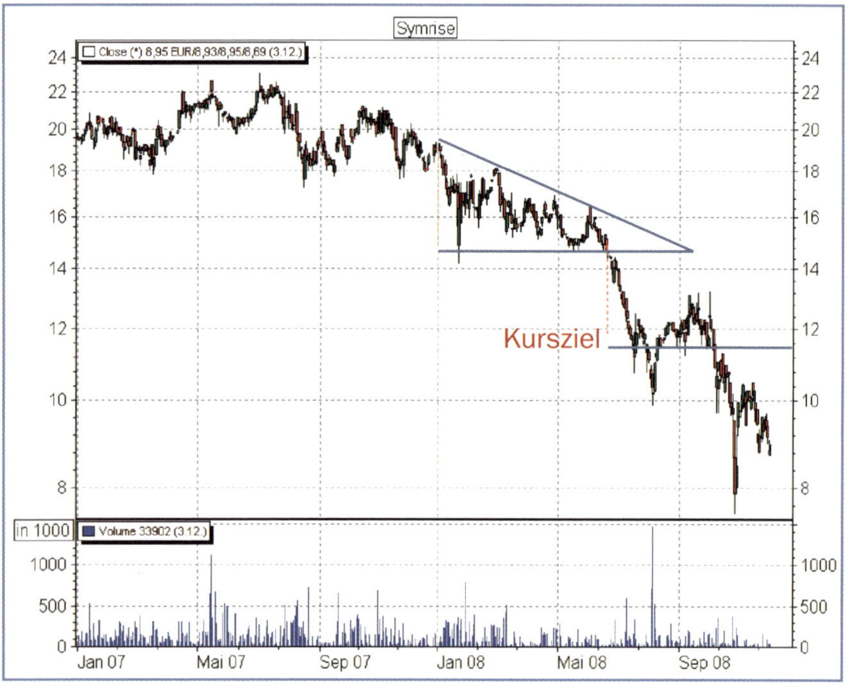

Mitte Juni 2008 kam es zum Durchbruch durch die Unterstützungslinie. Das errechnete Kursziel bei etwa 10 € wurde bereits Anfang August 2008 erreicht.

Flaggen und Wimpel

Flaggen und Wimpel zählen zu den zuverlässigsten Fortsetzungsformationen und sind sehr weit verbreitet. Da die beiden Formationstypen ähnliche Eigenschaften aufweisen, werden sie in diesem Buch direkt nacheinander behandelt.

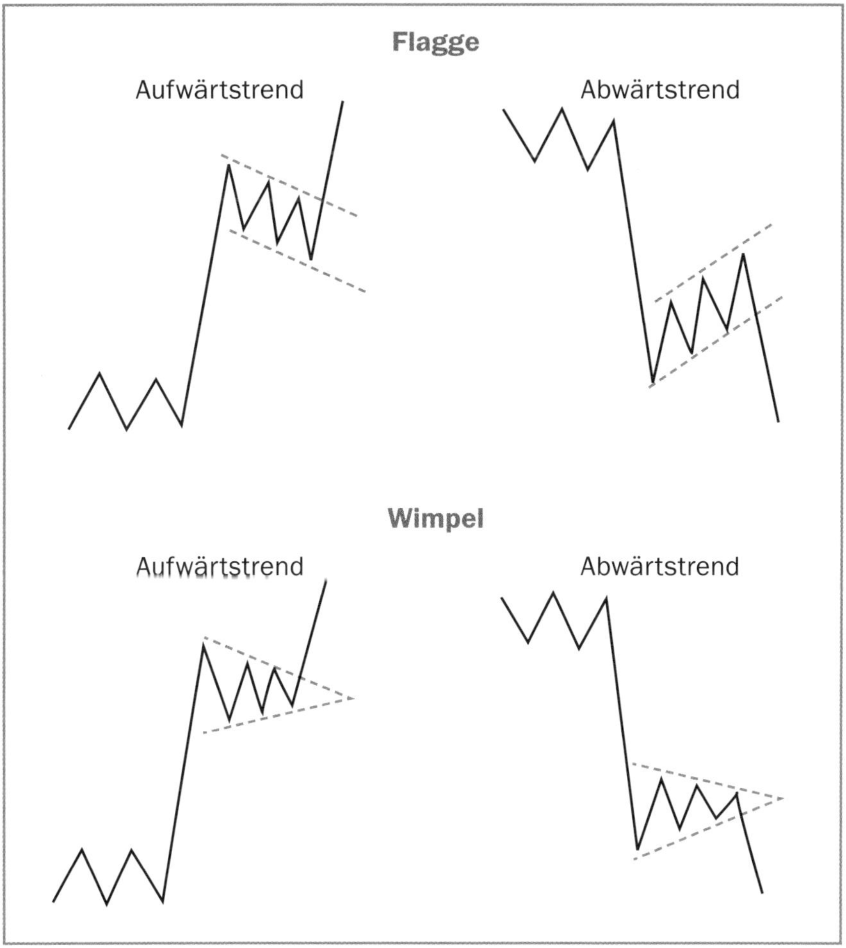

Beide Formationen treten in sehr dynamischen Markttrends in Form von kurzen Verschnaufpausen auf. Charakteristisch ist dabei der nahezu senkrechte Anstieg bzw. Fall der Kurse vor und nach Ausbildung der Formation.

Der wesentliche Unterschied beider Formationen besteht in der Konstruktion und damit im Aussehen. Die Flagge wird durch zwei parallel verlaufende Trendlinien beschrieben, die in aller Regel gegen den Haupttrend geneigt sind. Eine waagrechte Ausrichtung der Flagge ist allerdings ebenfalls möglich. Damit ähnelt die Flagge einem Parallelogramm oder einem Rechteck.

Wichtiges Kennzeichen der Flagge ist das während der Konsolidierung stark rückläufige Handelsvolumen. Der anschließende Ausbruch in die ursprüngliche Trendrichtung wird wiederum von einem kräftigen Umsatzanstieg begleitet.

Beim Wimpel wird die Konsolidierung durch zwei konvergierende Trendlinien gebildet, die durch fallende Hochpunkte und steigende Tiefpunkte gebildet werden. Hierdurch erhält der Wimpel seine dreieckartige Form.

Bezogen auf das Handelsvolumen gilt das Gleiche wie bei der Flagge: abnehmendes Volumen während der Ausbildung der Formation und kräftig anziehendes Volumen beim Ausbruch aus der Konsolidierung.

Beiden Formationen gemeinsam sind die Kurszielberechnungen. Als Faustregel gilt: Flagge und Wimpel treten auf halber Strecke der gesamten Kursbewegung auf. Es wird also zunächst die Kursbewegung vom Startpunkt der Bewegung vor Ausbildung der Flagge bzw. des Wimpels bis zum Hochpunkt am Beginn der Formation gemessen. Diese Strecke wird anschließend vom Ausbruchspunkt in Trendrichtung projiziert.

Ein Beispiel für eine Flagge ist nachfolgend am Chart der Aktien von AMB Generali dargestellt.

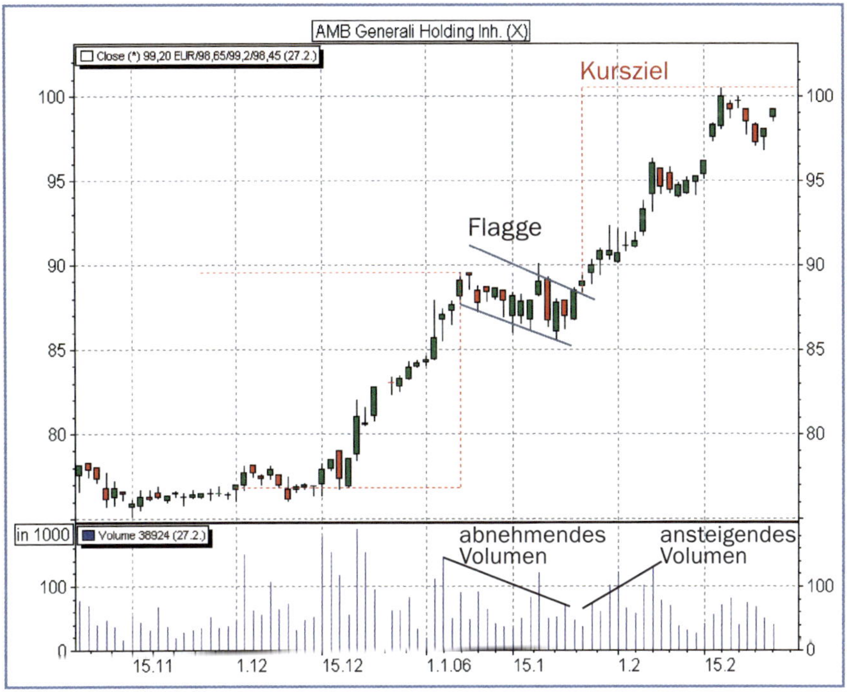

Nach einem Anstieg ohne Zwischenstopp von 76 € auf 89 € zum Jahreswechsel 2005 konsolidiert die Aktie bis Ende Januar ohne den Hochpunkt von Anfang Januar zu überschreiten. Während der Konsolidierung ging das Handelsvolumen deutlich zurück. Am 26. Januar durchbrach die Aktie bei einem Kurs von 88 € die leicht nach unten geneigte Widerstandslinie des Wimpels und markierte am nächsten Tag neue Höchstkurse.

Die folgende Aufwärtsbewegung wurde von deutlich anziehendem Volumen begleitet. Das rechnerische Kursziel lag bei etwa 101 € und wurde bis auf wenige Cent erreicht.

In einem weiteren Beispiel treten gleich mehrere Formationen hintereinander auf. Dargestellt ist diese Situation am Chart von Google.

Die Aktie von Google stieg Mitte September 2006 innerhalb weniger Tage von 376 US $ auf knapp 420 US $. Der Anstieg erfolgte bei kräftig anziehenden Handelsumsätzen.

Mitte September setzte eine Konsolidierung ein, die von wieder deutlich fallenden Umsätzen begleitet wurde. Die Schwankungen innerhalb der Konsolidierung nahmen immer weiter ab, so dass sich durch die Verbindung der Tiefpunkte, sowie der Hochpunkte zwei konvergierende Trendlinien ergaben.

Am 04. Oktober 2006 brach die Aktie bei einem Niveau von knapp über 400 US $ nach oben aus. Die Aufwärtsbewegung erfolgte unter steigenden Umsätzen und kam erst wieder nach einer Bewegung von 10% bei Kursen um 435 US $ zu einem Halt. Dieser Kursanstieg hatte somit das gleiche Ausmaß wie der dem Wimpel vorausgegangene Kursanstieg.

Es bildete sich bei wiederum rückläufigen Umsätzen eine 1. Flagge heraus, die mit einer mächtigen Ausbruchslücke am 20. Oktober 2006 aufgelöst wurde. Dieses Gap war ebenfalls durch sehr stark anziehende Umsätze gekennzeichnet.

Zwischen 490 US $ und 500 US $ kam die Aktie wieder zur Ruhe und es bildete sich eine zweite Flagge heraus. Der Ausbruch aus dieser Formation Anfang November 2006 erfolgte ohne große Dynamik und ohne anziehende Umsätze. Dies war ein erstes Anzeichen dafür, dass die gesamte Bewegung – mit einem Anstieg von 350 US $ auf 500 US $ – zu ihrem Ende kommen konnte. In der Tat erreichte die Aktie mit den anschließenden Kursen bei 513 US $ Höchststände, die in den nächsten sechs Monaten nicht mehr überboten werden konnten.

Keile

Keile treten in der Mehrzahl innerhalb bestehender Trends auf und gehören zur Klasse der Trendbestätigungs- oder auch Fortsetzungsformationen. In seltenen Fällen kann ein Keil aber auch am Ende eines Trends, sowohl am Gipfel als auch am Boden, auftreten. Dies ist ein Hinweis darauf, dass die Signifikanz einer Keilformation in Bezug auf eine Trendfortsetzung nicht so hoch eingestuft werden kann wie bei Flaggen oder Wimpeln.

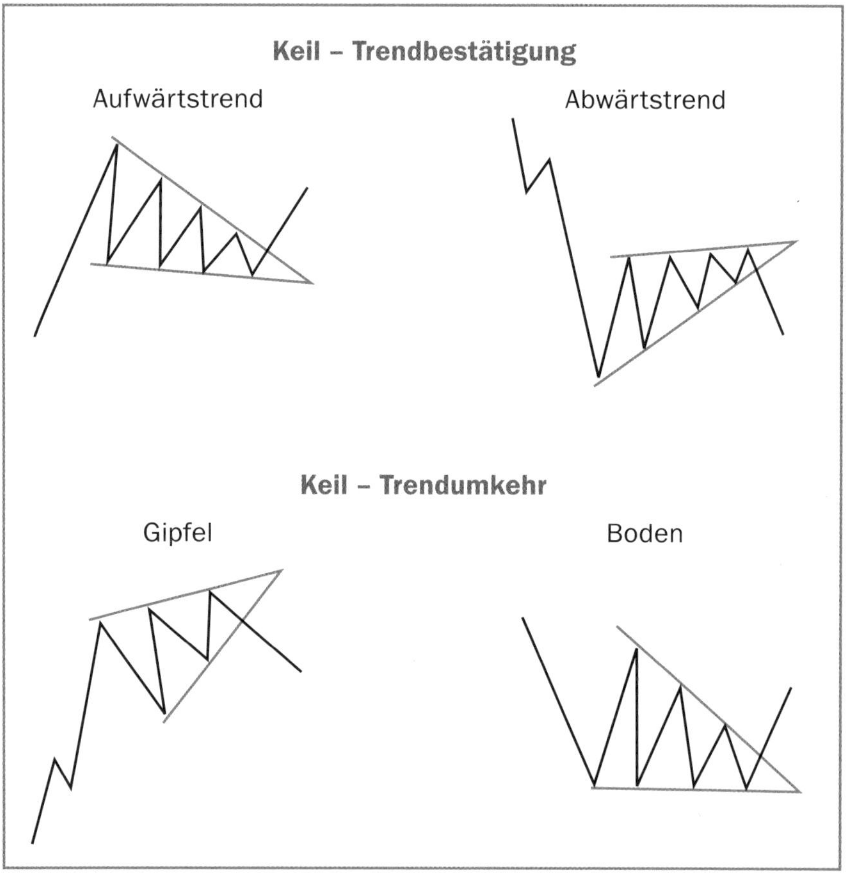

Ein Fortsetzungs-Keil in einem Aufwärtstrend sollte eine Neigung gegen den Trend – in diesem Falle also nach unten – aufweisen. Im Gegensatz dazu, wird ein Keil in einem Abwärtstrend durch eine leicht aufwärtsgerichtete Neigung gekennzeichnet.

Sowohl bei einer Trendumkehr als auch bei einer Trendbestätigung gilt für die Keilformation der Grundsatz: ein steigender Keil indiziert fallende Kurse und ein fallender Keil indiziert steigende Kurse.

Von der Konstruktion her ist der Keil am ehesten mit einem symmetrischen Dreieck vergleichbar. Gebildet wird der Keil durch zwei konvergierend verlaufende Trendlinien, die in die gleiche Richtung zeigen und sich in der Spitze treffen. Da beim Keil die Trendlinien - im Gegensatz zum Dreieck – in die gleiche Richtung zeigen, besitzt der Keil jedoch eine Neigung nach oben oder nach unten.

Keilformationen benötigen zwischen vier Wochen und mehreren Monaten, bis sie vollständig ausgebildet und identifizierbar sind. Dies unterscheidet sie als Trendbestätigungsformation von Flaggen und Wimpeln, deren Ausbildung in wesentlich kürzerer Zeit abläuft – üblicherweise zwischen wenigen Tagen und maximal zwei bis drei Wochen.

Am Beispiel der Deutschen Post AG ist eine Keilformation dargestellt. Der Chart zeigt die Kursentwicklung auf Wochenbasis zwischen Anfang 2003 und Ende 2005. In diesem Zeitraum vollzog die Aktie eine Aufwärtsbewegung in deren Verlauf die Kurse von etwa 9 € auf über 20 € anstiegen.

Von März 2004 bis Anfang Dezember 2004 konsolidierte die Deutsche Post AG im Bereich zwischen 15 € und 19 €. Verbindet man die in diesem Zeitraum fallenden Hochpunkte, so ergibt sich die Widerstandslinie, die demzufolge ebenfalls eine fallende Tendenz aufweist. Da im gleichen Zeitraum die Tiefpunkte nicht in dem gleichen Ausmaße gefallen sind, weist die Unterstützungslinie eine geringere, aber ebenfalls abwärtsgerichtete, Neigung auf. Hierdurch entsteht die im Chart eingezeichnete typische Keilform.

Mit dem Ausbruch über die Widerstandslinie Anfang Dezember 2004 wird die ursprüngliche Aufwärtsbewegung wieder fortgesetzt. Der Kursanstieg nach erfolgtem Ausbruch führte die Aktie von 16 € auf 24 € – eine Bewegung von insgesamt 8 €. Dies entsprach ungefähr dem Ausmaß der Bewegung von April 2003 bis Oktober 2003.

Deutsche Bezeichnung	**Englische Bezeichnung**
Unterstützung	Support
Widerstand	Resistance
Trendlinie	Trend Line
Aufwärtstrend	Up Trend
Abwärtstrend	Down Trend
Seitwärtsmarkt	Sideway Market
Notierungslücke	Gap
Ausbruchslücke	Berakaway Gap
Fortsetzungslücke	Runaway Gap, Measuring Gap
Erschöpfungslücke	Exhausting Gap
Inselumkehr	Island Reversal
Schulter-Kopf-Schulter Formation	Head & Shoulder
Nackenlinie	Neckline
Doppel Hoch	Double Top
Doppel Tief	Double Bottom
Dreifach Hoch	Triple Top
Dreifach Tief	Triplc Bottom
Runder Boden	Rounding Bottom
Untertasse mit Griff	Cup and Handle
Dreieck	Triangle
Rechteck	Rectangle
Flagge	Flag
Keil	Wedge
Wimpel	Pennant

Die 8 Goldenen Regeln der Technischen Analyse

1.) DISZIPLIN, DISZIPLIN, DISZIPLIN: Erfolgreiche Technische Analyse beruht auf disziplinierter Anwendung. Das Regelwerk muss klar und eindeutig sein und darf nicht von Fall zu Fall verändert werden.

2.) Technische Analyse ist ideal für das Handeln der großen Trends. Versuche nicht, mit Technischer Analyse die kurzen Swings zu handeln – HIN UND HER MACHT TASCHEN LEER.

3.) Technische Analyse einfach halten – keine komplexe Wissenschaft daraus machen.

4.) Unterstützungen und Widerstände sollten möglichst viele Stützpunkte aufweisen – dann sind sie am stabilsten.

5.) Nicht mit Gewalt nach Formationen suchen, wo keine sind: IF IN DOUBT – STAY OUT (bei Zweifel das Geschehen von der Seitenlinie beobachten).

6.) Überblick behalten. Liefert die Technische Analyse auf Basis von Tagesdaten keine zufrieden stellenden Aussagen, dann empfiehlt es sich, eine Ebene nach oben zu schalten und die Charts auf Basis von Wochen- oder Monatsdaten zu analysieren.

7.) Auch die Technische Analyse kann nicht immer erfolgreich sein. Daher muss auf jeden Fall für den Handel ein geeignetes Risiko- und Money-Management berücksichtigt werden. Hierdurch wird das Kapital geschützt und im Falle eines Scheiterns die Risiken gering gehalten.

8.) Bevor Geld auf das Auftreten einer Chartformation gesetzt wird, sollte feststehen, ab welchem Punkt die Formation als vollendet gilt (bei positivem Verlauf) oder ab welchem Punkt die Formation als gescheitert erklärt werden muss (bei negativem Verlauf).

Glossar

A

Abwärtstrend
Eine Serie aufeinanderfolgend niedrigerer Hochs und Tiefs innerhalb eines Kursverlaufes.

Analyse, Fundamentale
Auf Angebot und Nachfrage basierende Form der Marktforschung. Beispiel: Die Verknappung einer Ware sollte zu einem tendenziell höheren Preisniveau führen.

Analyse, Technische
Studium der Marktbewegungen – vornehmlich durch die Anwendung von Charts – mit dem Ziel der Vorwegnahme zukünftiger Kursbewegungen.

Aufwärtstrend
Eine Serie aufeinanderfolgend höherer Hochs und Tiefs innerhalb eines Kursverlaufes.

Ausbruchsgap (Fenster)
Ein Ausbruchsgap tritt am Ende eines Seitwärtstrendkanals auf und indiziert den Beginn einer nachhaltigen Kursbewegung.

Ausreißer
Als Ausreißer werden Gaps bezeichnet, die innerhalb – zumeist in der Mitte – einer bereits etablierten Trendbewegung auftreten (siehe Gap).

B

Bear-Flag
Während eines Abwärtstrends entgegen dem Trend verlaufende Formation. Tritt oft nach einer schnellen und starken Kursbewegung auf.

Bestätigung
Eine starke Trendbewegung unter hohen Umsätzen, die einer unmittelbar vorangegangenen Formation folgt.

Bull-Flag
Während eines Aufwärtstrends entgegen dem Trend verlaufende Formation. Tritt oft nach einer schnellen und starken Kursbewegung auf.

D

Divergenz
Eine Formation, die dann auftritt, wenn der Kursverlauf und eine Oszillatorlinie sich unterschiedlich entwickeln und beginnen, in verschiedene Richtungen zu verlaufen. Beispiel: Die Preise steigen, der RSI fällt. Man unterscheidet:

Divergenz, Bearishe
Die Kurse steigen, gleichzeitig fällt jedoch der Wert eines Oszillators.

Divergenz, Bullishe
Die Kurse fallen, gleichzeitig steigt jedoch der Wert eines Oszillators.

Doppeltief
Chartformation, bei der sich zwei aufeinanderfolgende Tiefs auf ungefähr gleicher Höhe befinden und dadurch ein ‚W' herausbilden.

Doppeltop
Chartformation, bei der sich zwei aufeinander folgende Hochpunkte annähernd auf gleicher Höhe befinden und dadurch ein ‚M' bilden.

Dreieck
Chartformation, bei der die Kursausschläge nach oben und unten immer kleiner werden, womit die obere und die untere Trendlinie aufeinander zulaufen.

Durchschnitt
Mittelwert einer Zahlenreihe.

Durchschnitt, Gleitender
Ein technischer Indikator, der zur Glättung der täglichen Schlusskurse verwendet wird.

E

Ein-Tages-Umkehr
Ein Handelstag, an dem die Kurse in einer anfänglichen Aufwärts (bzw. Abwärts-)bewegung ein neues Hoch (Tief) erzielen, am Ende aber unterhalb des tiefsten (höchsten) Kurses des Vortages schließen.

Einschussorderung
Wenn eine Margin aufgrund gegenläufiger Kurse der Position unter die Minimalforderung rutscht, muss neues Geld zur Auffüllung der Margin hinterlegt werden.

Erschöpfungsgap
Ein Erschöpfungsgap taucht innerhalb weniger Tage um den absoluten Hoch- oder Tiefpunkt auf und zeigt an, dass der Trend an Dynamik verloren hat.

F

Failure Swing
Wenn es einem Indikator nicht gelingt, ein neues Hoch zu markieren und er danach unter sein letztes Tief fällt, liegt ein „failure swing" vor.

Flag
Eine kleine Konsolidierungsformation. Bildet sich oft im Anschluss an eine schnelle und starke Kursbewegung.

Formation, Trendbestätigende
Eine per saldo seitwärts gerichtete Chartformation, die als eine Pause innerhalb eines Primärtrends fungiert.

Führungsindikator
Ein Indikator, der eine Marktbewegung vorwegnehmen kann.

Futures-Kontrakt
Ein gegenseitiges, juristisch bindendes Geschäft, das die eine Seite zur Lieferung des dem Kontrakt zugrunde liegenden Basiswertes, die andere zur Abnahme verpflichtet.

G

Gap (Allgemeines oder Einfaches)
Ein Kursniveau innerhalb eines Charts, auf dem zuletzt kein Handel stattgefunden hat. Gaps werden auch als Fenster oder Kurslücke bezeichnet.

Glattstellen
Liquidation einer bestehenden Position.

I

Indikator
Ein Medium zur Messung der Stärke oder Schwäche bzw. Richtung eines Trends.

Inselumkehr
Eine Formation, bei der ein oder eine Gruppe von Kursbalken an einem Hoch oder Tief durch zwei Gaps vom vorherigen und nachfolgenden Kursverlauf abgesetzt ist.

K

Kassamarkt
Auch als Spotmarkt bezeichnet. Hier wird mit tatsächlich zu liefernden Waren gehandelt, zum Beispiel zwischen Farmern und Nahrungsmittelproduzenten.

Konsolidierungsphase
siehe Seitwärtstrendkanal.

Kontenabgleich
Der börsentägliche Abgleich des Marginkontos, basierend auf der Veränderung des Futures-Kurses am jeweiligen Handelstag.

L

Lieferung auf Termin
Die über einen Futures-Kontrakt vereinbarte Lieferung einer Ware zu einem bestimmten Zeitpunkt in der Zukunft.

Local
Ein Parketthändler, der ausschließlich auf eigene Rechnung handelt.

Long
Eine Marktposition, die von steigenden Kursen profitiert.

M

Margin
Finanzielle Sicherheitsleistung, die von einem Trader bei einer Futures-Transaktion beim Broker zu hinterlegen ist.

Margin, Hausinterne
Der Geldbetrag, der über den Betrag der Originalmargin hinaus auf Forderung des Brokerhauses vom Trader zu hinterlegen ist.

Margin, Original
Die Geldsumme, die ein Investor für eine Futures-Transaktion gemäß der Forderung der Börse zu hinterlegen hat. Sie bewegt sich im allgemeinen zwischen zwei und zehn Prozent des Kontraktwertes.

Marktstimmung
Die allgemeine Einschätzung und Einstellung der Marktteilnehmer hinsichtlich der künftigen Entwicklung eines Marktes.

Momentum
Die Rate der Kursveränderung über einen vorgegebenen Zeitraum in Relation zum aktuellen Kurs.

O

Offene Positionen
Die Gesamtzahl der noch offenstehenden Kontrakte am Ende eines Handelstages, die noch nicht durch Gegengeschäfte oder Andienung des Basiswertes glattgestellt wurde.

P

Parketthändler
Ein Händler, der am Börsenparkett auf Rechnung anderer Aufträge ausführt.

Primärtrend
Ein Trend mit einer Dauer von mehr als sechs Monaten.

R

Relative Stärke-Index
Ein Momentumsindikator, der aus der täglichen, absolut gerechneten Veränderung der Schlusskurse abgeleitet wird.

S

Seitwärtstrendkanal
Eine Chartformation, in welcher die Kurse seitwärts verlaufen; diese Formation wird oft auch als Konsolidierungsphase bezeichnet.

Sekundärtrend
Eine Preisbewegung mit einer Dauer von wenigen Wochen bis zu einigen Monaten.

Short
Eine Handelsposition, die von fallenden Kursen profitiert.

Sichere Hände
Langfristig orientierte kommerzielle Trader mit engem Bezug zur jeweiligen Commodity und den fundamentalen Rahmenbedingungen.

Spread
Kauf und gleichzeitiger Verkauf von zwei Kontrakten der selben Commodity. Man unterscheidet:

Spread, Bear
Verkauf eines nahegelegenen Liefermonats und gleichzeitiger Kauf eines entfernter liegenden Liefertermins.

Spread, Bull
Kauf eines nahe liegenden Liefertermins und Verkauf eines entfernter liegenden Liefermonats.

Stochastik
Eine durch das Tageshoch, Tagestief und den Schlusskurs ausgedrückte Form des Momentums.

T

Tertiärtrend
Eine Kursbewegung mit einer Dauer von wenigen Tagen bis zu einigen Wochen.

Tick
Kleinstmögliche Veränderung eines Kurses.

Traderpositionen
Das Ergebnis der Subtraktion der Short-Positionen von den Long-Positionen einer bestimmten Gruppe von Marktteilnehmern.

Trendfolgender Indikator
Ein den Marktbewegungen nachfolgender Indikator (z.B. gleitende Durchschnitte).

Trendkanal
Eine Chartformation, die dann auftritt, wenn die Kurse so zwischen zwei Begrenzungen schwanken, dass entlang dieser Grenzen zwei parallele Linien gezeichnet werden können.

Trendlinie
Eine Verbindungslinie zwischen zwei oder mehr Hochs bzw. Tiefs.

U

Überkauft
Eine Marktsituation nach heftigen, spekulativ begründeten Käufen.

Überkreuzung
Die Überschneidung verschiedener Gleitender Durchschnitte.

Überverkauft
Eine Marktsituation nach heftigen, spekulativ begründeten Verkäufen.

Umkehr
Ein Signal für die Umkehr eines Trends.

Umkehrformation
Eine Chartformation, die anzeigt, dass der Trend im Begriff ist, eine entscheidende Wende zu vollziehen.

Umsatz (oder Volumen)
Die Anzahl der während eines Tages gehandelten Kontrakte einer bestimmten Commodity – also die absolute Zahl von Long- und Shortpositionen, nicht aber beide zusammengezählt.

Unterstützungslinie
Charttechnischer Ausdruck für ein Kursniveau, auf dem es einer Aktie, Devise, Commodity etc. besonders schwerfällt, unter das erreichte Level zurückzufallen. Meist definiert durch vorangegangene Kurstiefs, die wiederholt nicht unterboten werden konnten.

V

Verlagerung
Erscheinung in der Zyklentheorie, bei der die Mehrzahl der Hochpunkte eines Zyklus rechts oder links der zeitlichen Mitte des Zyklus auftreten.

W

Widerstandslinie
Charttechnischer Begriff für ein Kurslevel, auf dem es einer Aktie, Devise, Commodity o. ä. besonders schwerfällt, weiter zu steigen. Meist bedingt durch vorangegangene Hochpunkte, Trendlinien oder Trendkanäle.

Wimpel
Kleine, dreieckige Chartformationen, die zumeist im Anschluss an eine schnelle Kursbewegung entstehen und im allgemeinen als trendbestätigend gelten.

Z

Zyklus
Eine sich wiederholende Folge von Ereignissen.
Am bekanntesten im Bereich der Commodities sind die langfristigen (zwei bis zehn Jahre), saisonalen (ein Jahr), sowie die primären oder mittelfristigen (zwei bis sechs Monate) Zyklen.

Index

W

Z

Nachschlagewerke

Thomas Müller:
Das GROSSE Buch der Technischen Indikatoren
TM Börsenverlag AG

Robert D. Edwards / John Magee:
Technische Analyse von Aktientrends
Verlag Hoppenstedt

John J. Murphy:
Technische Analyse der Finanzmärkte,
FinanzBuch Verlag

Martin J. Pring:
Handbuch Technische Kursanalyse
Verlag Hoppenstedt

Die Livermore-Reihe

Richard Smitten
Jesse Livermore –
Die Geschichte der Börsenlegende
1. Auflage 2000, 348 Seiten, geb.
34,95 Euro
ISBN 978-3-930851-**50-8**

Jesse Livermore ging als einer der größten Spekulanten in die Börsengeschichte ein. Als unbestrittener „König der Wall Street" und genialer Trader hat Liver-more Börsenstrategien entwickelt, verfeinert und perfektioniert. Sein Ruf entstand vor allem durch spektakuläre und für jeden Börsianer typische Spekulationsfehler, von denen Livermore im Laufe der Jahrzehnte kaum einen ausgelassen hat. Eindrucksvoll wird dies anhand seines Privatlebens dokumentiert: Persönlichkeiten seines Umfeldes, Raub, Verfall und letztendlich Selbstmord. Unterhaltsame Börsenliteratur, die geeignet ist, die Faszination und das Fieber „Börse" auch auf einen Anfänger überspringen zu lassen.

Richard D. Wyckoff
Interview mit einer Legende
2. Auflage 1999, 116 Seiten, geb.
29,95 Euro
ISBN 978-3-930851-**13-3**

Lernen Sie den Meister Jesse Livermore kennen, und erfahren Sie, wie er sich selber, seine außergewöhnliche Karriere und seinen Börsenerfolg sah.
„Interview mit einer Legende" entstand aus mehreren Gesprächen zwischen dem Autoren Richard D. Wyckoff – zu seiner Zeit selbst einer der bekanntesten Börsenexperten – und Jesse Livermore.
Basierend auf hartnäckigen Fragestellungen eines Wall-Street-Journalisten, wird der Leser in die faszinierende Welt des Jesse Livermore, seiner Persönlichkeit, Taktiken und Philosophie entführt.

www.livermore.de

Obwohl schon im Jahre 1923 erschienen, ist dieser zeitlose Klassiker modern wie nie. Die scheinbar so trockene Welt der Aktien wird durch die Lebensgeschichte einer der schillerndsten Persönlichkeiten der Wall Street, Jesse Livermore, zu einer spannenden Lektüre.

Dr. Otto Graf Lambsdorff (ehem. Bundeswirtschaftsminister)

Autor	Edwin Lefèvre
Titel	**Jesse Livermore – Das Spiel der Spiele** Folgen Sie dem „König der Spekulation"
Originaltitel	Reminiscences of a Stock Operator, originally published in 1923
Seiten	486 Seiten
Ausstattung	Hardcover mit Schutzumschlag
Auflage	13. Auflage 2009
Preis	39,95 Euro
ISBN	978-3-930851-04-1

Jesse Livermore wurde durch diesen Klassiker aus dem Jahr 1923 unsterblich. Denn Börsenbücher gibt es etliche, doch „Reminiscences of a Stock Operator" von Edwin Lefevre – in deutscher Übersetzung DAS SPIEL DER SPIELE – ist für viele *das* Original.

Die atemberaubende Karriere dieses Mannes, sein Vorgehen und seine Strategien faszinieren Börsianer aller Generationen von der ersten bis zur letzten Seite. Erstmals im Jahre 1923 erschienen, hat das Werk bis heute nichts an seiner Aktualität verloren. Denn Exzesse wie die New-Economy-Hype Ende der 90er Jahre oder die Finanzkrise von 2008, gab es auch schon vor 100 Jahren. Auch Sie werden feststellen, dass sich am Börsenspiel niemals etwas ändern kann, denn die Menschen bleiben in ihren Verhaltensweisen stets die gleichen und werden auch immer die gleichen Fehler machen!

DAS SPIEL DER SPIELE erklärt Ihnen, wie Sie bei steigenden und fallenden Kursen Gewinne erzielen. Sie erfahren, wie Sie Übertreibungen erkennen und auf was es an der Börse wirklich ankommt. Dabei sind es ebenso die fulminanten Siege wie die verheerenden Niederlagen Livermores, aus denen Sie lernen, wie an der Börse das große Geld verdient, aber auch verloren wird. Immerhin ist Jesse Livermore durch seine spektakulären Millionen-Gewinne an der Börse noch zu Lebzeiten eine Legende geworden. Seine Macht war so immens, dass sogar weite Kreise den „König der Spekulation" für den großen Crash von 1929 verantwortlich machten!

Auch für Sie wird DAS SPIEL DER SPIELE, das jetzt bereits in der 13. Auflage vorliegt, wahrscheinlich das wichtigste Börsenbuch sein, das Sie jemals gelesen haben!

BÖRSENVERLAG

Martin S. Fridson
Milliardäre und ihre Erfolgsgeschichten
4. Auflage 2008, 384 Seiten, 24,95 €

Dieses Handbuch des Erfolgs wirft einen Blick auf die Karrieren, Methoden, Gedanken und Verhaltensweisen von Self-made-Milliardären und zeigt die Prinzipien und Taktiken u.a. von Warren Buffett, John D. Rockefeller, J. Paul Getty, Bill Gates, Richard Branson. Ein faszinierender Lesestoff für jeden, der lernen und gleichzeitig beste Unterhaltung wünscht.

Anlagezyklen I und **Anlagezyklen II**
Anlagezyklen I wendet das saisonale Konzept auf die wichtigsten 225 Aktien aus Deutschland, Europa und den USA an.
Anlagezyklen II zeigt die Anlagezyklen von 140 Indizes, Branchen-Indizes, Devisen, Zinsmärkten und Rohstoffen. Zusätzlich sind eine Vielzahl historischer Statistiken aufgeführt, die innerhalb eines Jahres z.B. die bisherige Verteilung der Hoch- und Tiefpunkte oder die Ergebnisse aller möglichen 132 Rendite-Szenarien auflisten.

Thomaas Müller, Wolfgang Lindner
Das GROSSE Buch der Technischen Indikatoren
9. Auflage 2007, 792 Seiten, 64,95 €

Dieses Lehrbuch zur technischen Analyse stellt alle gängigen und viele neue Indikatorenmodelle ausführlich dar.
Zahlreiche Exkurse zu den Themen Candlesticks, Elliott Wave, Fibonacci, Gann, Neuronale Netze, Stops, Handelssysteme, Trading-Taktiken, Börsenzyklen sowie „Rosenheimer Börsenstrategien" runden das Thema ab.